Over de liefde, de lichtpuntjes en de levenslust
van een mama die lijdt aan kanker

HET VERHAAL VAN *Lara Switten* MET DE PEN VAN *Ine Nijs*

Lannoo

Mijn brief aan jou, lieve lezer,

'Als ik hiervan genees, dan schrijf ik een boek.'
Ik zou vertellen over de strijd, over hoe ik die met twee vingers in de neus had geleverd. Vooral dat laatste, want ik had aan de start nooit kunnen voorspellen hoe zwaar het zou zijn.

Toen bleek dat er geen genezingskansen waren, besefte ik dat dit verhaal ooit zou stoppen. Ik zou niet wachten op die 'als'. Ik leef nú. Ik vertel nú mijn verhaal. Om voor een stukje te blijven verder bestaan – whatever happens.

Dit boek mag je lezen als een plakboek, vol kleine en grote verhalen, brieven, illustraties, en beelden. Het is een uiterst persoonlijk boek, zorgvuldig samengesteld met de liefste mensen om me heen. Dit boek omvat geen leven lang, het belicht een stukje ervan. Het werpt een licht op mijn leefwereld. Het bevat de liefde, de lichtpuntjes en de levenslust tijdens de zware maanden die ik doorworsteld heb sinds de diagnose van baarmoederhalskanker.

Dit boek is in de eerste plaats een houvast voor mijn kinderen. Opdat zij kunnen lezen hoe hun mama is, en was. Opdat ze zouden weten hoe ze ter wereld kwamen en welk muzieknummer voor altijd aan hen verbonden is. Opdat zij weten dat ik iedere nanoseconde van deze reis aan hen gedacht heb.

Dit boek is er ook om een stukje dankbaarheid achter te laten voor de kleine dingen des levens. Om te inspireren, om te bezielen, om even stil te staan bij de schoonheid van alledag. Ik hoop jou met mijn verhaal te motiveren om een fractie van een seconde langer te genieten. Om even een versnelling lager te schakelen en niet met 200 per uur door te razen. Even stilstand.

Stop onderweg af en toe. Laat het uitzicht je adem benemen. Schrijf brieven, maak foto's, laat foto's maken, leg vast – voor altijd. Het leven is mooi, zo mooi. Pak elkaar nog eens stevig vast, straks. Koester je kinderen, je partner, je vrienden en familie. Laat je helpen. Droom je ergens van, doe het dan. Wacht niet op morgen. Ligt er iets op je lever, spreek het uit. Alleen zo kom je vooruit. Zie je iemand graag, spreek het uit. Alleen dan leef je voluit.

Als er één ding is dat dit leven me geleerd heeft, dan is dat het volgende:

Pak het leven, elke dag!
Volg je hart.
In alles wat je doet.

Ik ben gelukkig.

'Als ik hiervan genees, dan ben ik de gelukkigste vrouw ter wereld!' Maar nu, nu is het ook al goed.

Liefs, Lara ♥

Inhoud

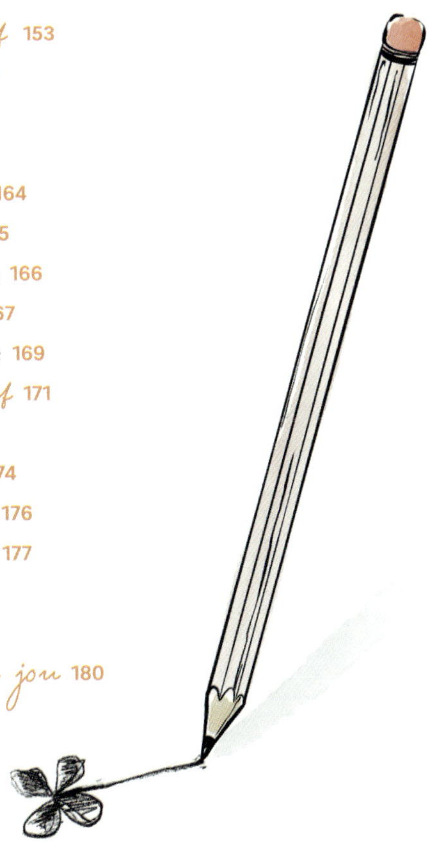

Moeder. Kloek.

Ik wil jullie meenemen naar het jaar 2015. Het jaar dat ik moeder werd.

Had je me zes jaar geleden verteld dat ik de moederkloek zou zijn die ik vandaag ben, dan zou ik je niet geloofd hebben. Net zwanger was ik, van onze eerste dochter. Philippa. Vastberaden om carrière te maken, en daarnaast te goochelen met het moederschap. Het mama-zijn zou perfect in te plannen vallen naast mijn andere activiteiten.

Met Philippa werd ik voor het eerst mama. We beleefden een onbezorgde kraamtijd, toen nog in ons knusse appartement in Leuven. Ik genoot van onze momenten samen, maar was ook gelukkig toen ik na drie maanden mijn werk weer mocht oppikken. Terug onder de mensen komen, niet alleen flesjes geven, luiers verschonen en dutjes reguleren. Philippa toonde me andere facetten van mijn bestaan, en ik bewandelde mijn nieuwe pad in stijl (en fashionable sneakers).

Twee jaar later werd ik zwanger van Romée. We hadden het ongelofelijke geluk om, net als vorige keer, onze kinderwens zonder wachten te zien groeien. Door de ziekte van mijn mama (zij kreeg in 2016 de diagnose van ALS) was ik het begrip 'tijd' reeds anders gaan bekijken. Ik besloot om mijn zwangerschaps- en moederschapsrust volledig op te nemen na de geboorte van onze tweede dochter. Het was geen zorgeloze zwangerschap, wel een met veel kwaaltjes, maar Romée was wel een droombaby. We genoten volop.

Het moederen, ik werd er gaandeweg steeds beter in. Ik voelde feilloos aan waar mijn handen zich over moesten ontfermen. Na zes maanden thuis met Romée (en drie maanden met Philippa, want de kraamperiode omvatte de zomervakantie) zette ik mijn loopbaan on hold om als mantelzorger voor mijn mama te werken. Ze had me nodig, en ik reisde met veel liefde heen en weer tussen haar stek en mijn eigen gezin.

'Zorgen voor' ging me steeds beter af.

De grote droom om een gezin van vijf te hebben bleef in mijn gedachten sluimeren. Geregeld fantaseerden Steffen en ik over een derde kind, en de uitkomst van onze gesprekken was altijd dezelfde: we zouden wel zien. Kort voor we in de zomer van 2020 naar Italië trokken, ontdekte ik dat mijn wens in vervulling was gegaan: we zouden met

vijf zijn, binnenkort. We hadden geluk, wederom. Ik zou ook deze keer voor de volle honderd procent genieten van mijn zwangerschap. Ik zou ieder moment documenteren, mijn ervaringen online delen, en mijn groeiende buik wekelijks fotograferen. Het werd een ander verhaal.

Ik beleefde drie verschillende zwangerschappen, drie verschillende bevallingen. De geboorteverhalen van onze kinderen heb ik steeds neergepend, opdat ik ze nooit zou vergeten. Ze zeggen soms dat de geboorte van een kind iets zegt over zijn karakter, over het verdere verloop van zijn leven. Ik weet niet of dat waar is, maar dat onze kinderen elk hun eigen verhaal hebben, elk hun eigen plek in ons gezin, dat is een zekerheid.

Ik beleefde een bevalling met inleiding en epidurale (Philippa), een natuurlijke bevalling (Romée), en een geplande keizersnede (Gabriel). De verschillende belevingen staan in dit boek uitgetekend – geschreven in 2015, 2018 en 2020. Ik neem jullie graag mee doorheen de reis van het moederschap, en bovenal langsheen de onverwachte wendingen die ons leven in het afgelopen jaar heeft gemaakt. Enjoy the ride!

Het leven lachte ons toe, in de zomer van 2020. En wij, de Vivi's, wij lachten terug.

Zwanger[3]

Eind juni 2020. Gabriel kondigt zich aan nog voor we er erg in hadden. Ik heb alle symptomen die wijzen op een zwangerschap. Ik voel me niet optimaal, ben zelfs al een keer flauwgevallen bij de schoonheidsspecialiste. Ik wijt het aan het urenlang dragen van een mondmasker en vijfendertig graden buiten.

De zwangerschapstest die ik doe, is negatief. Ik laat toch bloed afnemen om zeker te zijn. De huisdokter belt kort daarop: ik ben acht weken zwanger. Ik verstop mijn buikje op het strand van Forte dei Marmi en in mijn hoofd weerklinkt: 'Mama van drie, mama van drie, mama van drie.' Een maand later laat ik de NIPT-test afnemen en ik wacht ongeduldig.

Een week later bel ik zelf al eens naar het ziekenhuis, want ik had een melding gekregen dat het resultaat beschikbaar was. Alleen zat er geen bijlage in mijn mail. De receptioniste die ik aan de lijn krijg, is erg behulpzaam en biedt aan om mijn resultaten op te zoeken. Ik hoor haar vingers tokkelen en een aantal muisklikken later geeft ze aan ze te hebben gevonden. Ik hou mijn adem in. Ik ben klaar om te horen welk geslacht ons kindje zal hebben.

Het antwoord is anders dan ik verwachtte. De receptioniste vertelt me dat de resultaten inderdaad binnen zijn, maar dat ze die niet via de telefoon mag doorgeven. Ze zou mijn gynaecoloog vragen om me zo snel mogelijk terug te bellen. Ik weet niet of de stem aan de andere kant van de lijn anders klonk dan aan het begin van ons gesprek.

De volgende ochtend, op vrijdag 31 juli 2020, krijg ik een telefoontje van het Sint-Franciscusziekenhuis te Heusden. De gynaecoloog draagt me op om in de namiddag op consultatie te komen om de bevindingen van de test te bespreken. Philippa staat naast me in de dressing. Ik begin te hyperventileren en kan alleen maar uitbrengen: 'Mama moet papa bellen, mama moet papa bellen, er is iets met de baby.'

Ik bel Steffen. Die vertrekt onmiddellijk van zijn werk terug naar huis. Ik bel Ine op. Die staat op het punt het zwembad in te duiken, maar ze haast zich richting Beringen met haar badpak onder haar kleren. Met drie zitten we verdwaasd in de zetel in de woonkamer. Er zou iets zijn met de baby. Ik vloek en ik huil. Ik wil zo graag dat ons kindje gezond is. Waarom toch…?

Geen haar op mijn hoofd dat er toen aan dacht dat via de NIPT-test ook 'nevenbevindingen' in mijn bloed gevonden konden worden – zoals kanker, bij mezelf.

Steffen stelt gerust. Ine huilt mee. We drinken een latte met vijf ijsblokken, en een uur later stamel ik – rationeel als ik ben – dat het maar goed was dat die test bestaat. Dat het dáárom is dat we hem doen: 'voor als er iets mis is'. Dan weten we het tenminste, dan kunnen we ons voorbereiden.

De rest van de dag breng ik nagelbijtend door in de zetel. We worden in Heusden verwacht om 15.30 uur en vertrekken ruim op tijd. Het wachten is verschrikkelijk. De onzekerheid is bijna onleefbaar. Niet weten wat ons te wachten staat, is beangstigend. Op de dag dat ons leven veranderde, én in de weken/maanden die volgen.

Geluksbrenger

Steffen en ik wandelen de consultatieruimte van de gynaecoloog binnen. Elk mogelijk scenario is intussen al door ons hoofd geflitst. Het scenario dat er met mij iets aan de hand zou zijn, dat echter niet. Al snel blijkt dat de resultaten van de NIPT-test zelfs niet geanalyseerd waren, omdat mijn eigen bloedwaarden (en dus mijn DNA) sterk afwijkend bleken. De dokters zouden een zoektocht starten in mijn lijf.

Weken later bleek de baby niet alleen oké, de baby in mijn buik bleek mijn geluksbrenger. Hij zorgde ervoor dat we iets ontdekten dat we liever niet ontdekt hadden. Zonder de baby in mijn buik had ik langer onwetend rondgelopen, tot de pijn in mijn been al te groot zou zijn geworden.

Gabriel werd mijn geluksbrenger. En eens de diagnose er was, zorgde hij er bovendien ook voor dat ik volhield, iedere dag dat mijn stramme lijf het net iets harder liet afweten. Gabriel trok me door de weken en maanden na de diagnose. Hij was altijd bij me, bij ieder slechtnieuwsgesprek, bij iedere scan, bij iedere mokerslag. Hij sleurde me erdoor, net als mijn meisjes, want hen zien lachen is goud waard.

Door de ziekte van mijn mama mee te maken, ben ik bovendien gaan inzien dat alleen mijn broer me voor de volle honderd procent begrijpt. Hij begrijpt de pijn die er is voor mijn moeder. Hij kent me al een leven lang. Ik heb niet enkel een bloedband met Gert-jan, ik heb een fantastische band met mijn broer. Door wat wij nu meemaken, voel ik hoezeer dat het verschil maakt.

Mijn gezin is mijn geluk. Mijn kinderen mijn rijkdom. En ik ben een echt familiemens.

Ik hoop vurig dat onze kinderen een even centrale plek zullen hebben in elkaars leven en dat ze er voor elkaar zullen zijn. Onze kinderen zijn drie verschillende persoontjes. Naargelang de uiteenlopende karakters zullen ze bij elkaar terechtkunnen voor uitgebreide babbels of net een stilzwijgende blik. Als één iemand niet bereikbaar is, dan kan de ander worden opgebeld.

Ik hoop dat ze er altijd samen zullen staan.
Dat ze elkaar geluk brengen. Dat vind ik mooi.
Dat idee stelt mij gerust.

Liefste zusje,

Als wij praten dan ben jij 90% van de tijd aan het woord, en ik 10%. Dat voelt vertrouwd, en dat interesseert mij het meest.

Toen ik jou op de zwaarste avonden in het ziekenhuis kwam vergezellen, waren de rollen eerder omgekeerd. Ik kwam met sushi aan jouw bed zitten, jij viel in slaap tussen de verhalen door. Je vroeg me om te vertellen, over mij, over Laurence, over mijn werk. En dan sprak ik, met mondjesmaat.

We hebben elkaar in alle omstandigheden gezien. Toch was het erg confronterend om je toen zo afgepeigerd te zien, met diepe zwarte wallen. Je zat op een avond in december diep in de put, want Philippa had gehoord dat de bestralingen niet aansloegen. Ik kon toen niets doen, niets zeggen, niets veranderen, er zijn was genoeg. We moesten niets zeggen, want we dachten hetzelfde.

Jij kan doemdenken, maar dat duurt maximaal tien minuten. Je staat meestal niet lang stil bij slecht nieuws, je bent liever positief. Op dat vlak heb ik wel wat van je weg. We kunnen hard en rationeel zijn, maar ook een tikkeltje naïef. Als jij een waterkans hebt, dan hou je je daaraan vast. Ben je vandaag kotsmisselijk, dan zal je morgen weer carpaccio eten als het kan. Je vergeet snel, je kan snel verdergaan. Dat is een ongelofelijke kracht.

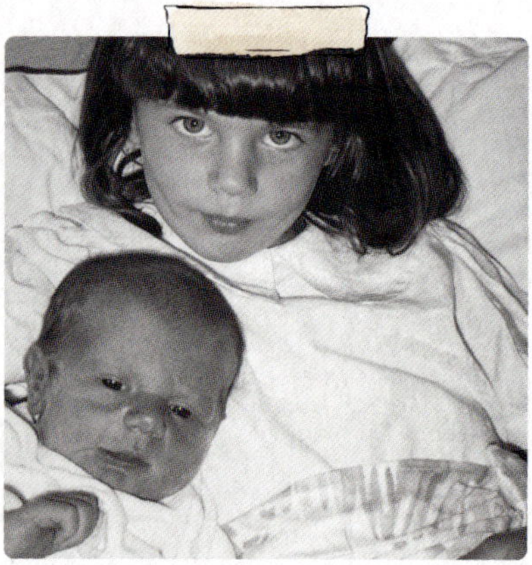

Er is geen dag dat jij niet gelukkig bent geweest. Het geluk druipt ervan af. Ik ken jou als optimist, zelfs met deze ziekte. Jij bent spontaan en hebt het hart op de tong. Meer zoals ons mama: 'losgehen en springen op tafel'. Ik heb eerder het introverte kantje van onze papa geërfd.

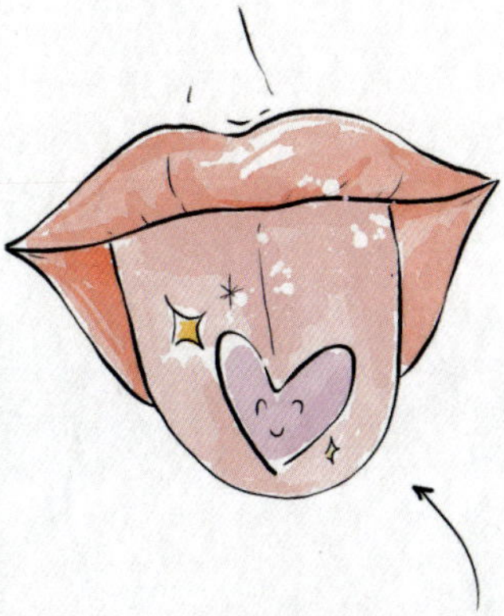

Lieve Larrie, we zijn altijd heel close geweest. Jij bent de beste mama die ik ken. Philippa was het eerste babytje dat ik ooit heb vastgehouden. Alles heb ik van jou geleerd: luiers wisselen, flesjes geven, rechtop houden voor een boertje. Ik heb maar één leermeester, en dat ben jij.

Laurence en ik kregen de eer om Gabriel een tijdlang ieder weekend onder onze vleugels te hebben. We hebben hem kunnen vertroetelen, voor hem kunnen zorgen, en die band is voor het leven. Voor mij is jullie manier van opvoeden een mooi voorbeeld.

Wij zijn dan ook buitengewoon trots dat jij de meter wilt worden van ons eerste kindje. Als hij ook maar een fractie meekrijgt van de positieve mentaliteit van zijn meter, dan ben ik een gelukkig man.

Dikke kus, je broer

Philippa

Steffen is grote fan van de voetbalploeg Juventus FC, en dus wordt dit nummer automatisch veel gezongen. Als onze kat niet al Juve heette, dan was dat Philippa's naam geworden. ;-) Een nummer vol vuur en passie, voor de liefde van ons leven.

Forza la juve la juve la juve ale'
E' bianconera la bella signora
Ale' la juve la juve la juve ale'
Solo la juve e' magica juve ale'
Forza la juve la juve la juve ale'
E' bianconera la nostra bandiera
Ale' la juve la juve la juve ale'
Solo la juve e' grande la juve ale'
JUVE
JUVE
JUVE
JUVE

- Juventus theme song

Open | Search | Scan
www.lannoo.be/lara-playlist

Mijn snoepje

Toen ik Steffen in 2012 leerde kennen, wist ik al vrij snel dat dit de papa zou zijn van mijn kinderen. We zaten op dezelfde golflengte en wilden dezelfde dingen in het leven. In september 2014 was het zover. Ik was nog maar net gestopt met de pil en wachtte braaf op mijn eerste menstruatie. Die is echter nooit gekomen. Acht weken later was ik op een ochtend misselijk en een zwangerschapstest later, ontdekten we dat het geluk aan onze kant stond. Al overviel ons ook eerst een gevoel van paniek. Is dit wat we wilden? Ben ik echt zwanger? Ik dacht dat je minimaal een half jaar moest proberen voor het ook effectief zou lukken. Kunnen we dit financieel aan? Tijd genoeg om ons hierop voor te bereiden. 16 juni 2015 was ik uitgerekend van een meisje.

Op 6 juni speelde Steffen zijn favoriete ploeg Juventus tegen Barcelona, de Champions League finale. Ik ging bij mijn schoonzus Inne een filmpje kijken. Ik had die dag al heel de tijd last van lage rugpijn, een zeurende maandstondenpijn. Zouden het al weeën zijn? Het ging ook niet weg, het bleef gewoon de hele tijd aanhouden en deed pijn. Ik stuurde 's avonds nog naar Steffen dat hij niet te veel moest drinken, want je weet maar nooit. Mijn schoonzus Inne en ik keken gezellig een film en tetterden erop los. Tegen middernacht ging ik naar huis en stuurde ik Steffen toch nog maar eens dat hij zeker veel watertjes tussendoor moest drinken, maar dat de rugpijn ineens weg was.

Ergens die ochtend kwam hij thuis van een teleurstellend avondje. Juventus had verloren. Gelukkig maar, want anders hadden ze het kot afgebroken en denk ik niet dat hij bij de bevalling aanwezig zou zijn geweest. Om stipt 8 uur verloor ik wat bloed. Ik was totaal niet in paniek, nam een douche en belde het ziekenhuis op. Ze wilden geen risico's nemen dus ik kon beter even langskomen. Eerst wilden ze me niet aan de monitor leggen omdat ze met mijn minibuikje dachten dat ik minder dan vier maanden zwanger was. Maar nee hoor, ik was 38 weken en 5 dagen ver.

Ik werd aan de monitor gelegd, maar behalve af en toe een harde buik was er eigenlijk niks verontrustend te zien. Ik had wel minder vruchtwater. Ze vroegen of ik vocht had verloren of iets gemerkt had. Maar ik had eigenlijk een perfecte zwangerschap met een minimum aan kwaaltjes gehad. Ze wilden geen risico's nemen en braken mijn water. Een van de vroedvrouwen kwam tegen ons zeggen: 'Jullie worden vandaag of morgen mama en papa.' Ik polste nog even dat het zeker vandaag zou zijn omdat ik op de proefdruk van de geboortekaartjes 7 juni 2015 had gegokt en ik het wel heel grappig zou vinden als het effectief juist was.

Ondertussen was het 11 uur en braken ze mijn water. De weeën kwamen langzaam op gang. Om 15 uur had ik 5 centimeter opening en zag ik lijkbleek van de pijn. De vroedvrouw vroeg of ik een epidurale wilde, maar ik weigerde. Ze vroeg me waarom, maar ik wist eigenlijk niet echt waarom. Ik had altijd gezegd dat ik op het moment zelf zou beslissen. Ze verzekerde me dat de weg nog lang was en dat ze toch aanraadde om een epidurale te nemen. Gelukkig luisterde ik naar haar. Het was zondag en voor de anesthesist van wacht was gearriveerd, had ik bijna iemand iets aangedaan, zoveel pijn had ik. Dat half uur leek een eeuwigheid te duren. Steffen ontpopte zich in die tijd als de perfecte push-partner. Hij ging achter me liggen en wees me op alles wat we samen hadden geleerd bij de prenatale kine. Dit werkte gelukkig en zo hield ik het iets makkelijker vol.

Om 18.30 uur had ik 10 centimeter opening maar mocht ik nog niet persen want de baby moest nog indalen. Ik moest haar nog even 'ophouden'. Ik dacht dat ik ging sterven. Ik had niks van energie meer over in mijn lichaam. Ik had heel die tijd niet gepompt aan de epidurale waardoor ik alles toch redelijk goed voelde. Of toch veel te veel naar mijn zin. De vroedvrouw duwde een paar keer op het pompje en 10 minuten later werd alles weer dragelijker. De baby was ingedaald en ik mocht EINDELIJK beginnen te persen.

De eerste pers was de beste die er was in de wereld, een echte verlossing. Ik mocht eindelijk alles loslaten. Daarna mocht ik nog eens persen en merkte ik dat dit me enorm veel moeite kostte. Ik schreeuwde iets van dat ik geen conditie had en het niet aankon, dat ik moe was en of ze er al niet was. De gynaecoloog verzekerde me dat alles goed was, ze zag al wat haartjes en zei dat het een klein hoofdje was. Dus even doorduwen en ze was er.

Met alle aanmoediging van Steffen die mijn hand vasthield en me enorm steunde, lukte het me maar niet. Ze haalden er de tang bij en toen werd Steffen zo wit als de muren. Niet dat ik dat zag maar de gynaecoloog vroeg ineens: 'Meneer, gaat het?' Hij bevestigde en herpakte zich. Een pers, een knip en hup daar was ze. Een klein blauw gerimpeld minimensje. Ik schrok. Maar de vroedvrouw legde Philippa skin to skin op mij.

Ik voelde de warmte van haar lijfje op mijn lichaam en voelde een liefde die ik nog nooit eerder had gevoeld. Dit was echt liefde op het eerste gezicht en een traan rolde over mijn wang.

De adrenaline maakte plaats voor een enorme rust over me.

Ik ben mama! Ik heb een dochter.

Om 19.28 uur werd Philippa Verniers geboren. Ze maakte me mama en ze was perfect. Helemaal perfect. En ik was smoorverliefd. Ze werd weggebracht samen met de papa om haar eerste kleertjes aan te doen. Toen Steffen met Philippa in zijn armen terug binnenkwam, wist ik dat ik nog nooit zoveel van deze man had gehouden dan op dit eigenste moment.

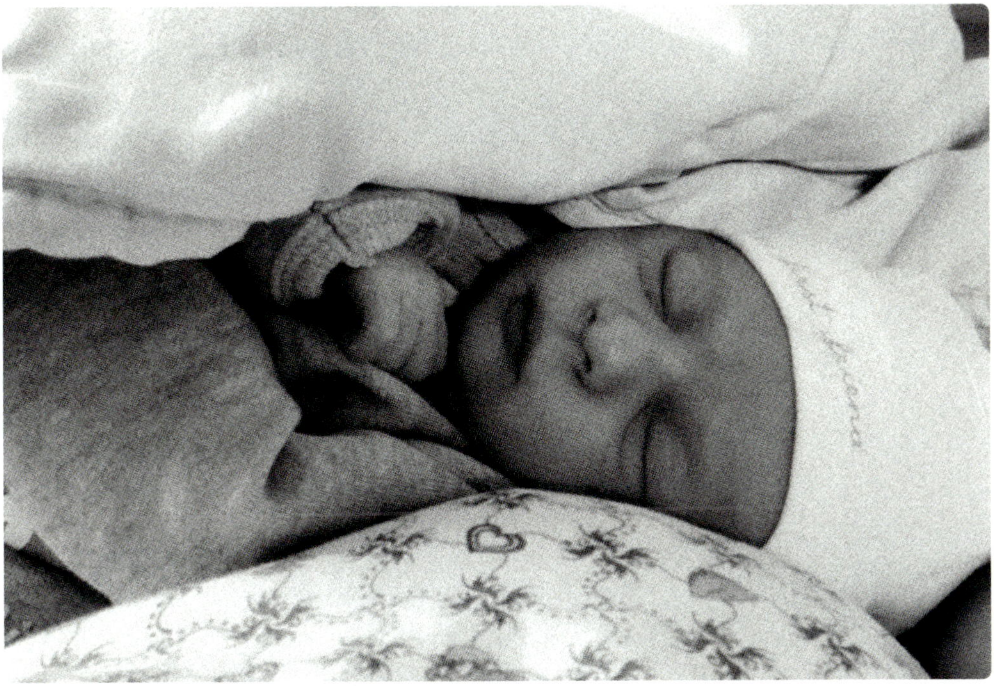

Lieve Philippa,

Jouw geboorte was op alle vlakken de start van een nieuw leven. Onze eerste dochter, ons eerste kind. De geboorte van een mensje dat zich nog helemaal moest ontwikkelen. Een karaktertje in huis dat wij helemaal mochten leren kennen en ontdekken.

Het betekende daarnaast ook de geboorte van mezelf als mama. Voor het eerst ervaarde ik wat het was om onvoorwaardelijk lief te hebben. Om door het vuur te gaan voor iemand anders. De verliefdheid die me overviel de dag dat ik jou leerde kennen was van een grootorde die ik nooit eerder ervaren had. Ze was plots, intens, vurig. Ze gaf me vleugels en samen namen we een vliegende start.

Je bent mijn eerste dochter. Mijn snoepje. Uiterlijk 100% de mama. Innerlijk neig je eerder naar de papa. De manier waarop je speelt echter, met je grenzeloze fantasie, doet me denken aan hoe ik was als kind. Wanneer je op dreef bent in bepaalde rollenspelen, zie ik mezelf in jou. De manier waarop je dingen uitlegt, heb je ook van mij geërfd: dan gebruik je je handjes en dat doe ik ook heel hard. Grappig om te zien hoe dat genetisch bepaald is. Dat is een trek van mijn mama, jouw Nana, dat overdreven enthousiast uitleggen.

Je bent een plaagstok maar dat vergeef ik je. Dat heb je van mijn papa, je opa. Nog eens extra in de wang knijpen, ook al heeft Romée al tien keer gezegd dat ze het niet wil - maar het toch écht niet kunnen laten... Ik hou ervan om te zien dat je een groot fotografisch geheugen hebt. Je tekent graag en je bent een toponderhandelaar. Je zal nooit genoegen nemen met één koek. Of één keer naar de bioscoop. Er moet altijd onderhandeld worden. Hetzelfde met kleren kiezen.

Je bent behulpzaam en je helpt mama goed. Een dagje met mama alleen zijn, is het fijnste wat er voor jou is. Sinds ik ziek ben, zie ik hoe de wereld rust op je kleine schoudertjes en hoe er sinds dag 1 zwaarte in je hoofd zit. Je blijft maar vragen stellen en snapt maar niet dat niemand mama beter kan maken.

Je hebt de introverte natuur van je papa en je hoofd zit vaak vol en vast in gedachten. Dan barst de bom, en hoe. Alleen wanneer je diep in een rollenspel zit of wanneer we samen jouw dagboek invullen, komen je gedachten en gevoelens naar boven. Elke keer opnieuw ben ik blij dat we extra ondersteuning zochten voor jou, om je hoofd af en toe leeg te laten lopen.

Lieve Philippa van me,
Je wilt ridder worden, mijn moedige, kloeke prinses. Van mij mag jij worden wat je maar wilt. Zolang je maar in je oren knoopt dat je de liefde van mijn leven bent en blijft.

Liefs Mama

Onrust en adrenaline

Zwanger van een derde. Wat volgt na dat eerste vage verdict, is de start van een onzekere periode. Onderzoek na onderzoek volgt.

De meisjes zien de angst in onze ogen. Hoezeer wij ook ons best doen, er hangt spanning in de lucht. We weten niet wat te denken, we hopen op het beste. Er is een kans dat het kanker is, maar er is evenveel kans dat het niets is. We weten niet hoe we met deze realiteit moeten omgaan, hoe moeten onze dochters dat dan?

Philippa is net vijf, en Romée is tweeënhalf wanneer de hemel op ons hoofd valt. Wat begrijpen kinderen van die leeftijd? We willen hen niet nodeloos bang maken halverwege de zomervakantie. Terwijl Steffen en ik dag in dag uit afspraken en onderzoeken in Leuven afwerken, worden onze kinderen opgevangen door familie. Ons vangnet blijkt groot, groter dan we ooit hadden kunnen denken.

Wij houden ons sterk, voor de kinderen, en voor onszelf. Ik ervaar, behalve een occasionele misselijke ochtend, weinig zwangerschapskwalen. We leven op adrenaline, maar onze kaars dooft langzaam uit. De vermoeidheid doet zijn intrede, na weken van onrust. We vragen alleen een babysit als het écht niet anders kan, als we eens een zeldzaam avondje uit gepland hebben, of als we naar een huwelijksfeest gaan. Tegen onze natuur in besluiten we om de meisjes twee nachten per week bij mijn papa te laten logeren. Zo kunnen wij wat broodnodige slaap inhalen.

Het gevecht dat we in onze hoofden voeren is niet min. De eerste ochtend nadat we een nacht zonder hen in huis hebben doorgebracht, voelt raar aan. Maar het geeft ook rust. Rust die we gebruiken om de week verder aan te vatten. Om een betere mama en papa te zijn in de dagen die volgen.

Philippa rebelleert. Wij tonen begrip, we worden boos, we zitten zelf met onze handen in het haar. Want eigenlijk toont Philippa alle gevoelens die wij beleven, zonder filter. Ze houdt ons een spiegel voor. Als het sociaal acceptabel was geweest, dan brachten wij onze dagen ook al schreeuwend door, of al gooiend met spullen. Romée fladdert verder, te klein om goed te begrijpen wat er om haar heen gebeurt.

We willen onze dochters deze hel niet aandoen. Maar het is geen keuze, we worden erin meegezogen. Ik voel me een verschrikkelijke moeder, want ik kan er niet zijn voor hen zoals ik dat wil. Ik heb pijn, ik ben bang.

Toen duidelijk werd dat die pijn wel degelijk het gevolg was van kanker, zijn we daar open over geweest tegen de kinderen. Philippa en Romée hoorden het woord 'kanker' al drie weken vallen in onze woonkamer, en in die van hun grootouders.

We willen hen de eerlijkheid bieden die we altijd aan de dag gelegd hebben. Het is moeilijk, maar we leggen uit. Mama zou worden behandeld. Mama zou chemo krijgen en zich soms heel ziek voelen. Mama zou genezen.

Lieve Philippa, Romée en Gabriel,

Mama is gelukkig geboren. Met de helm geboren, op een vrijdag. Gelukskind zeggen ze dan. In mijn hoofd geen ingewikkelde emotionele constellaties.

Ik zal niet (lang) blijven hangen in een negatieve vibe. Ik ga complexloos door het leven, heb dat altijd gedaan. Soms vervloek ik die extra kilo's na een lange vakantie in Italië, maar in het algemeen ben ik meer dan tevreden over mezelf.

de afzender te bedanken, probeer ik van alles een mooie foto te maken. Hier, vanuit mijn zetel, met de perfect gelakte nagels en ik die er slechts met haken en ogen aan vasthang. Instagram versus real life, zeggen ze dan – toch?

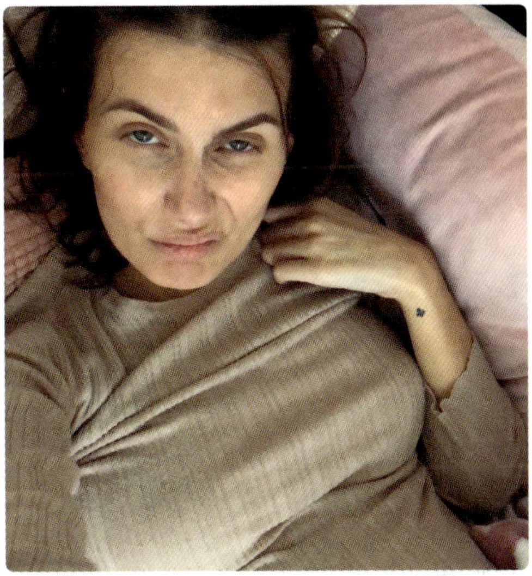

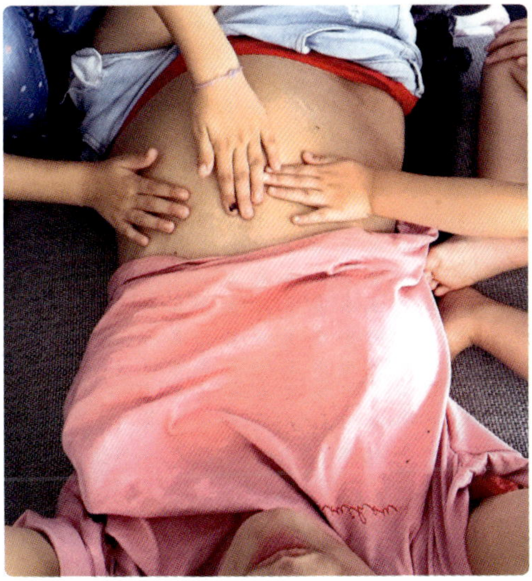

Lieve Philippa, Romée en Gabriel,

Het mooie zien in de wereld en in mensen, dat typeert mij. Ik zie de zon graag schijnen achter de wolken. En wanneer ik de lichtpuntjes niet meteen zie, dan kijk ik nog wat meer en beter.

Er zijn een aantal momenten geweest, tijdens de loodzware behandelingen, tijdens eenzame uren in het ziekenhuis, tijdens slechtnieuwsgesprekken en de dagen die daarop volgden, dat ik alleen maar zwart zag. Dat mag.

Ik heb dan even nodig om te bekomen, om een plaats te geven aan wat ik denk en voel. Vertellen en schrijven over wat er in mijn hoofd omging, hielp. Wanneer het stil blijft, is dat een teken dat ik diep zit. Wanneer ik begin te praten, is het tijd om los te laten en te verwerken. Neus vooruit en doorgaan.

Ik heb altijd geleefd in het nu, altijd gedaan wat ik wilde. Vandaag misschien nog wel meer dan gisteren. Iedere dag is er om te plukken, en dat doe ik zoveel ik kan.

Proberen jullie dat ook?

Liefs
Mama ♥

The good, the bad, the ugly

Ik verberg me achter de grootste zonnebrillen en richt schuine blikken naar de grond. Op Instagram leefde ik schijnbaar mijn beste leven, maar in werkelijkheid stond onze wereld stil. Wij juichten kort, na de positieve zwangerschapstest. We vertrokken naar Italië, op vakantie met ons gezin van vijf. De meisjes vertelden we nog niet dat er een baby schuilde onder mijn robijnrood badpak. Net als bij mijn twee eerdere zwangerschappen deelde ik het nieuws slechts met een handvol mensen. Je wist immers maar nooit. Eerst de eerste twaalf weken uitzitten, daarna pas wereldkundig maken.

Ik fantaseerde onmiddellijk na het ontdekken van de groeiende baby in mijn buik over de meest perfecte geboorteaankondiging. Een paar dagen vóór de resultaten van de NIPT-test binnen waren, trokken we er samen met fotografe Elisa op uit in de Limburgse natuur. Ik twijfelde, omdat we nog geen uitsluitsel hadden, maar Elisa's agenda zat propvol. Dus gingen we ervoor.

Nog voor de foto's bewerkt en wel in mijn inbox belandden, kregen we slecht nieuws. We beleefden drie onzekere weken, vol tests, scans en angst. We probeerden onze radeloosheid een plek te geven. Het werd stil op Instagram. In de plaats van iedere dag, postte ik om de paar dagen een foto. Af en toe deelde ik een update van onze activiteiten tijdens de zomervakantie in mijn 'stories'. Op een bloedhete dag begin augustus hees ik me zelfs in een witte jurk en maakte ik virgin piña colada's omdat het de laatste dag van de deadline van een IG-samenwerking was. Achter de donkere glazen van mijn bril schuilde paniek. Maar niemand die het zag. Ook dat typeert me.

Ergens halverwege augustus begint het mijn trouwste volgers toch op te vallen dat ik minder 'actief' ben online. Ik krijg ongeruste berichten. Ik wuif de vragen weg. Een handvol mede-Insta moms neem ik in vertrouwen. De woorden zwart-op-wit lezen op mijn telefoon doet mijn oren suizen. Baarmoederhalskanker.

TUUUUUUUUUUUUUTTTTTT.

Vijf dagen na het krijgen van de diagnose besluit ik in de openbaarheid te treden. Stukje bij beetje. Ik ga vertellen dat ik zwanger ben van ons derde kindje. Ik ga vertellen aan mijn volgers dat het niet goed met me gaat. Ik besloot de twee los te koppelen van elkaar om mezelf tijd te geven. Maar ook omdat ik heel veel nood had aan blijdschap, aan felicitaties, aan slingers en confetti.
Hoe graag ik ook onze derde spruit had aangekondigd met toeters en bellen, was te lezen:

22 AUGUSTUS 2020

Het is hier de afgelopen weken wat stiller geweest. Het borrelde al even, om van de daken te kunnen schreeuwen dat wij in verwachting zijn van ons derde kindje. Echter, de afgelopen weken waren wij ook in afwachting. Daar waar ons geluk het grootst was op het moment dat deze foto gemaakt werd, daar kwam de hemel eens zo hard op ons dak vallen. Ons baby'tje is gezond. Ikzelf ben dat niet.

De wereld is ergens blijven stilstaan tussen verdict en verdriet. Tussen angst en ongeloof. Tussen radeloosheid en strijdlust. In de eerste plaats zijn we intens gelukkig, omdat mijn allergrootste wens werkelijkheid wordt – een gezin van vijf. Anderzijds proberen wij te plaatsen wat er, compleet onverwacht, is ontdekt in mijn lichaam. Of hoe onze kleine geluksbrenger ervoor gezorgd heeft dat er testen plaatsvonden. Dat we nu weten dat mijn lichaam vecht tegen kwade cellen.

Het ene verhaal bestaat niet zonder het andere, en daarom neem ik jullie mee, in alle eerlijkheid. Maar wel op mijn tempo. Het ontbreekt me op dit moment aan energie om op DM's te antwoorden. In de loop van volgende week, wanneer ik er klaar voor ben, vertel ik jullie meer.

But for now: focus on the good.
Bakken positiviteit: daar leef ik van op.
Doemscenario's/meningen/dokter Google: liever niet.
Ik wil vechten, voor mezelf, voor ons gezin.
En ik wil bovenal gelukkig zijn, met dat kleine mensje in mijn buik.

#16weekspregnant #familyoffive #surprise
#thegoodthebadtheugly

Mijn aarzeling om beelden te schieten voor de aankondiging van onze gezinsuitbreiding nog vóór we zwart-op-wit zagen dat ons kindje gezond was, was groot. Anderzijds wilde ik ook maximaal genieten van mijn zwangerschap, zorgeloos genieten.

Achteraf bekeken, is die fotoshoot een gigantisch cadeau geweest. Voor altijd zal dat het laatste moment zijn dat ons gezin samen op beeld is vastgelegd voor we een verdict kregen dat onze wereld op zijn kop zou zetten. Ik koester deze beelden. Steffen heeft het er lang moeilijk mee gehad om ze te bekijken.

Onze zorgeloosheid spat van de foto's af. Steffens lichte irritatie ('alwéér foto's en het is bloedheet') druipt van zijn gezicht op sommige beelden. Het leven zoals het is, met kinderen en een vrouw die ervan houdt ieder moment vast te leggen. Het besef dat we toen nog in de verste verte niet wisten wat we nu weten is bijna ondraaglijk voor hem.

Vier dagen na het bericht dat ik een klein mensje met me meedraag, vertel ik ook over het andere dat er in mijn buik groeit.

26 AUGUSTUS 2020

Baarmoederhalskanker

Dat het bijzonder zware weken geweest zijn. Het was een verschrikkelijke gewaarwording om te ontdekken dat onwetendheid (bijna) erger is dan het verdict – al had ik dit laatste al helemaal niet willen krijgen.

Ik deel dit verhaal in alle transparantie, omdat ik wil vechten, omdat ik wil léven. Verzwijgen waar wij nu tegenaan boksen is niet alleen onmogelijk, het voelt vooral niet authentiek aan. Ik krijg zoveel terug van deze community, en een extra portie positiviteit is het enige dat ik op dit moment nodig heb.

Baarmoederhalskanker dus. BAM.

Na de eerste euforie van onze gezinsuitbreiding, lieten we de NIPT-test uitvoeren. De resultaten lieten op zich wachten, en toen ze er eenmaal waren, bleek er verstoord DNA bij mezelf terug te vinden. Dit kon op een veelheid aan zaken wijzen, en één mogelijkheid daarvan was kanker.

Een helse rollercoaster aan emoties, onzekerheid, onderzoeken, en uiteindelijk het verdict dat volgde. Al die tijd droeg die sterke man van me mij op handen. En hoewel het ook hem af en toe wat te veel werd, rechtte hij elke keer weer zijn schouders, en ontpopte hij zich tot de allerbeste papa en partner (in crime) die alles in huis onder controle had.

Steffen, mijn eeuwige rots in de branding, de vader van onze drie (!) kinderen. Ik zie hem oneindig graag, en iedere dag nog een beetje liever. Het besef dat er tezelfdertijd een stukje van hem in mij groeit, geeft me nog meer kracht om dit gevecht aan te gaan.

Ik wil er voluit voor gaan, ik wil glimlachen bij ieder hartje/klavertjevier/lief bericht dat me bereikt – soms uit compleet onverwachte hoek. We gaan deze ziekte te lijf met alles wat we hebben, en ik bedank jullie nu al om me geen bedenkingen bij de behandeling/doemscenario's toe te sturen. Meer over de behandeling kan je terugvinden op mijn blog.

Alle energie die ik heb zal gaan naar het rechthouden van ons gezin, naar happy thoughts, en naar de liefde voor mooie beelden. Want ik ben en blijf Lara. Dat er nog andere dingen zijn dan deze verdomde kanker. De ene dag zal alleen wat zwaarder aanvoelen dan de andere.

#17weekspregnant #familyoffive #thegoodthebadtheugly #baarmoederhalskanker

IK ZAL, IK WIL, IK KAN

Een blogpost waarvan ik nooit had gedacht dat ik hem zou moeten schrijven. Al probeer ik mezelf er ook bewust van te zijn dat er eigenlijk helemaal niets 'moet', behalve vooruitkijken en hopen op het beste.

Toch neem ik jullie in alle eerlijkheid mee in de strijd die ik aanga de komende maanden, omdat praten (meestal) werkt. Niet het soort praten in statistieken, doemscenario's bedenken (of erger nog: toegestuurd krijgen) en duizend-en-een vragen beantwoorden. Maar wel het babbelen over koetjes en kalfjes, over mama-zijn en mama-van-drie-worden. En dat ik dat in de komende maanden dan net iets vaker vanuit de zetel of vanuit een ziekenhuiskamer zal doen, dat mogen jullie weten.

Los van de donkere wolk die boven mijn hoofd hangt, ben ik ook gewoon ontzettend dankbaar en trots op die kleine baby in mijn langzaam boller wordende buik. Voorzichtig durf ik te genieten van het idee dat wij volgend jaar met 5 zijn in huis.

De rollercoaster waar wij de afgelopen weken op zaten, is met niets te vergelijken. In een kleine drie weken gingen we van pure blijdschap naar ongeloof, van wanhoop naar een zekere vorm van berusting, van het hoofd laten hangen naar strijdlust.

De afgelopen weken waren ongemeen zwaar, niet enkel mentaal, maar ook fysiek. Het gezwel drukte (blijkbaar) al enkele weken op mijn spieren, waardoor ik af en toe niet meer (goed) kon stappen.

Toen er na de NIPT-test bleek dat er verstoord DNA in mijn lichaam ronddwaalde, werd er een MRI-scan ingepland. Het wachten op de scan, alsook op de uitslag ervan, was slopend. Er werden uiteindelijk drie vergrote klieren gevonden rond mijn baarmoeder, afkomstig van de baarmoederhals, waarvan eentje 6 centimeter groot.
Bij het bespreken van de resultaten werd besloten om een biopsie te nemen van het grootste gezwel, opdat er gekeken kon worden hoe agressief de kanker was, en op welke manier hij het best behandeld (lees: bestreden) kon worden.

Een dag na de biopsie was plots de linkerkant van mijn buik gigantisch gezwollen. Ik had onmenselijk veel pijn, en we haastten ons naar de spoedafdeling. Aangekomen in Gasthuisberg bleek ik brute pech te hebben gehad: er was een bloedvaatje geraakt, en niet gestold. Mijn hele linker buikspier (van net onder mijn borst tot helemaal beneden) bestond uit een bloedklonter. Ik kon alleen maar wachten. En afzien. En in de zetel liggen, want ik kon niet lopen, niet zitten, niet eten (van ellende).

Een week later werden we opnieuw verwacht op de afdeling Gynaecologische Oncologie, om te bespreken wat uit de biopsie is gebleken. De ergste scenario's hebben in die zeven dagen tijd mijn hersenpan doorkruist, vanuit de zetel, vergezeld van een hittegolf van 35 graden.

Wanneer de arts spreekt, lijkt het niet over mij te gaan. Toch scherp ik mijn oren. Ik onthoud dat er een behandeling mogelijk is, dat de kanker niet in vitale organen zit, dat ik kán vechten. En: dat we ons kindje mogen houden. Het afbreken van de zwangerschap zou betekenen dat de baby via de baarmoederhals zou komen, wat een trigger kan zijn voor de kanker om zich nog meer (en sneller) te verspreiden. Het blijkt het beste van het slechtste nieuws te zijn.

Op vrijdag 28.08.2020 begin ik aan een chemokuur van 18 weken om het gezwel rond mijn baarmoeder(hals) te verkleinen. Dit zal operatief verwijderd worden op het moment dat ook ons baby'tje ter wereld komt. De behandeling die we nu opstarten is de beste behandeling mogelijk in mijn situatie, en is dezelfde als diegene die ze zouden doen, mocht ik niet zwanger zijn.

We zijn in de meest professionele handen van de gynaecologische oncologen van het UZ Leuven Campus Gasthuisberg, en we hebben vertrouwen in hun woorden wanneer ze zeggen dat de chemo geen effect zal hebben op de ontwikkeling van het kindje in mijn buik.

Voor nu kunnen we alleen maar duimen, wensen en hopen dat alles goed komt. Pas na vijf jaar word je kankervrij verklaard, tot dan is het bang afwachten met de kans op uitzaaiingen. Maar er is hoop, en hoop doet leven.

Woorden waaraan ik me vasthoud wanneer ik kopje onder ga.

Ik had van de digitale aardbodem kunnen verdwijnen. Ik had met Instagram kunnen stoppen. Wat ik vooral niet had kunnen doen, was zwijgen. Ik koos ervoor om mijn verhaal online te delen omdat het een uitlaatklep is. Omdat het mijn vorm van verwerking is. Omdat ik me verbonden voel, met zoveel meer mensen dan de vrienden en familie die vanaf dag één onze woonkamer vulden met liefde en vers gekookte maaltijden.

We nemen de tijd om het nieuws te laten bezinken. Ik probeer te genieten van de bewegingen in mijn buik. Mijn gewichtstoename wordt vanaf nu streng in de gaten gehouden. De chemo zorgde er eerder al voor dat mijn smaak was afgenomen, waardoor ik niet veel honger of zin heb om te eten.

Een dikke twee weken na het krijgen van het loodzware verdict dat ik niet zou genezen, vind ik eindelijk de moed om het met de wereld te delen.

26 OKTOBER 2020

Oh wat had ik hier graag van de daken geschreeuwd dat de chemo aansloeg. Dat alle inspanningen van de afgelopen weken geloond hadden. Dat er licht aan het einde van de tunnel verscheen.

Ik ben een sucker voor 'happy endings'. Ik heb altijd het gevoel gehad dat ik in een sprookje leefde; elke tegenslag draaide ik om in iets positief of ik maakte er alsnog het beste van. Acht jaar geleden leerde ik mijn prins op het witte paard kennen, maakte er twee prachtige dochters mee en nu kijken we samen uit naar onze kers op de taart. (A sweet little baby)

Maar ver vooruitkijken gaat niet meer. Ons leven blijkt geen happy end te hebben. De oncoloog vertelde ons 3 weken geleden dat ik niet meer te genezen ben. Hij reageerde bevestigend op de vraag of ik nog zes maanden zou hebben, misschien wel langer. Hij knikte van nee, toen ik vroeg of ik mijn kinderen nog zou zien opgroeien.

Toen werd alles zwart. Het is nog altijd zwart.

Er moet niks worden gezegd, er kan niks worden gedaan om het beter te maken, om mij beter te maken. We proberen iets te zoeken waar we ons aan kunnen vasthouden, maar dat heeft tijd nodig.

Gelieve geen vragen te stellen, ik kan de realiteit zelf (nog) niet aan. Ik wil jullie wel ons verhaal vertellen omdat mijn inbox volloopt, omdat jullie een steun zijn, omdat ik ook niet weet wat ik anders moet doen. En ik hoop dat ik binnenkort mijn roze bril wat meer ga kunnen opzetten, om van alles nog het allerbeste te maken. Want dat laatste, dat is wel mijn plan.

Meer details op mijn blog. Link in BIO.

#fightingcancertogether #fatherdaughter #iloveyou #myrock #myworld #myeverything

9 oktober 2020, een dag die voor ons altijd zwart zal zijn. Gitzwart.

Voor altijd de dag dat Steffen en ik horen dat ik niet meer te genezen ben. Het ergste verdict. Het verdict waar we ons volstrekt niet aan verwachtten.

'Haal ik 6 maanden nog?'

Ik hoor de professor antwoorden dat ik dat nog ga halen, maar dat ik mijn kinderen niet zal zien opgroeien. Ik verstijf en zie het verdriet in de ogen van mijn grootste liefde. Pijn die je niet wilt zien in iemands ogen. Pijn die ik de afgelopen weken veel te veel zag.

We wandelen verslagen naar buiten. In shock. Veel vragen hebben we niet gesteld. De chemokuur die ik de afgelopen weken onderging, heeft alles wel wat afgeremd, maar duidelijk onvoldoende. De uitzaaiingen in mijn buikholte zijn verkleind maar het grote gezwel blijft nagenoeg wat het is.

Ik krijg nog vier chemokuren want dat blijft ondanks alles het beste wapen voor mij. Daarna wordt de behandeling drie weken lang gestopt om dan op 32 weken op natuurlijke wijze te bevallen. Zodra ik hersteld ben van de bevalling, worden bestralingen en chemo opgestart.

De artsen zijn glashelder. Dit is een 100% oneerlijke strijd en er zijn geen overlevingskansen. Ik moet geen wonderen verwachten. Ik mag wel hopen op nieuwe studies of een mirakel.
Wat er daarna gebeurt, gebeurt in een roes. Een roes van veel tranen, paniek en verdriet. We rijden naar huis en ondanks deze coronatijden, vult ons huis zich met mijn familie. Mijn mama, mijn papa, mijn plusmama, mijn broer, zijn vriendin en mijn schoonfamilie. Er wordt gehuild en ook gelachen. Mijn lieve man stort in, mijn beer, mijn held!

Ik troost hen daar en dan met de overtuiging die me eigen is: 'Ik heb altijd het mooiste leven geleid. Ik heb een geweldige jeugd gehad, en ben al een leven lang goed omringd. Op mijn 27ste mocht ik de man van mijn leven ontmoeten en ervaren dat het potverdikke zalig is om verliefd te worden. Ik word mantelzorger voor mijn mama en haal mijn hart op met bloggen en fotograferen. Steffen en ik fladderden samen door het leven en na 8 jaar blijven we stapel op elkaar. Meer nog, we krijgen drie kinderen – en daarmee gaat een van mijn grootste wensen in vervulling. Ik ben echt zielsgelukkig, dankzij hen. Dat geeft mij troost. Ik heb het allemaal mogen beleven. En bovenal: ik heb nergens spijt van.'

Ik troost hen.
Ik laat me troosten.
Terwijl we maar al te goed weten dat de realiteit niet zo eenvoudig is.
De realiteit is ronduit hard, en ze snijdt me meer dan eens de adem af.
Ik moet mijn meisjes vertellen dat hun mama niet meer te genezen is. Ik moet hen voorbereiden, ik moet mijn gezin voorbereiden op het ergste.
En naast dat alles wil ik mijn leven nog leven. Ik wil, ik moet, ik zal genieten van elk moment dat ons gezin nog samen gegund is.

Drie weken na die desastreuze 9 oktober 2020, is de roes zeker niet volledig weggetrokken.
Drie weken later kan ik zeggen: het gaat.
Ik ben al vaak ingestort, maar evengoed heb ik ook al hard gelachen en plezier gemaakt.
Ik koester mijn bolle buik en ben dankbaar voor Steffen – elke dag opnieuw.
We plannen leuke dingen. Haalbare dingen, want vanaf nu zal die rolstoel niet meer weg te denken zijn. Idem voor de dagelijkse pijn.

Het weerhoudt me echter niet om te leven, te lachen, te genieten. Het weerhoudt me er niet van om kleine momenten na te jagen, en grote dromen te overdenken.

Ik grijp elke kans om er nog het allerbeste van te maken.
Want dat laatste, dat is wel mijn plan.
Ons plan.

PS Ik wil jullie bedanken om er te zijn. Gelieve geen vragen te stellen, die leven hier al in overvloed.

(bedankt aan Lieke voor het helpen schrijven van deze afschuwelijk zware blogpost)

Bed van kaarsen

Ik word overrompeld door lieve woorden, steun en medeleven. Mijn Instagram, Facebook en telefoon draaien overuren. Er worden tientallen, misschien wel honderden kaartjes bezorgd door de postbode. Ik open doosjes vol lekkers, speelgoed voor de meisjes en andere verrassingen. Ik ontvang levensgrote teddyberen, de mooiste pentekeningen van ons gezin, kleurrijke armbandjes en gouden kettinkjes met de namen van de kinderen in mijn handschrift om in hun respectievelijke memory box te stoppen.

Moeders over de hele Instagramwereld laten hun stem weerklinken, er wordt in heel wat woonkamers met ons mee gehuild. Ik ben in shock over hoezeer de Insta mom community zich van haar meest menselijke kant laat zien. Het is ongelofelijk hoeveel liefde we ontvangen, hoeveel mensen oprecht meeleven. Het grijpt me bij de keel, en geeft me kracht. Het regent klavertjesvier 🍀. Ik probeer ieder bericht te openen en in me op te nemen, maar ik besluit om uit te zoomen. Ik probeer te genieten van het samenzijn met mijn held en de meisjes.

Het voelt onrealistisch dat dit ons overkomt. Ik vertel op Instagram dat ik zal vechten, dat ik wil leven, dat het voor ons allen morgen gedaan kan zijn. Ik roep op om te léven. Niet alleen vandaag, maar iedere dag.

Een bed van kaarsen verspreidt zich over Instagram wonderland. Ik voel de warmte tot in onze woonkamer. En ik voel me dankbaar.

Dankbaar ook voor het leven in mijn buik, en dus is de tijd bijna rijp om een gender reveal te doen. Vrolijkheid om de lelijkheid te verbergen, precies zoals ik het graag heb.

Begin oktober deel ik een vrolijke buikfoto op Instagram, maar er schuilt veel meer achter mijn glimlach. Ik kan intussen niet meer 'normaal' stappen. De tumor drukt tegen mijn zenuwen en zorgt voor veel pijn, waardoor me voortbewegen niet meer vanzelfsprekend is.

Het duurde even voor ik dit ook online kon, wilde, en durfde tonen. Op 1 november 2020 deel ik the real life. Ik toon me met mijn babybuik. Ik deel ook een filmpje waarop te zien is hoe ik me voortbeweeg als een oud vrouwtje, voorovergebogen en moeilijk ter been. Confronterend om te delen. Maar wel de realiteit.

1 NOVEMBER 2020

Enjoying every minute of my baby bump. Ik zie er op de meeste dagen niet zo 'spik en span' uit maar opkleden geeft me wel steeds een beter gevoel. Al gaat het moeilijker dan vroeger. Zoals jullie weten verplaats ik me intussen altijd in de rolstoel en op goede dagen kan ik nog een beetje strompelen.

Oneerlijke strijd

De ondertitel van dit boek bleef lange tijd onbeslist. Er miste iets, hij klopte niet helemaal, hij dekte de volledige lading van mijn verhaal niet. Ik wilde een licht boek schrijven. Een boek waaruit de lichtpuntjes weerspiegelden, waaruit positiviteit en optimisme weerkaatste.

'Over liefde, het moederschap, en de moedige strijd tegen kanker', klonk de eerste werkversie van de ondertitel.

Ik zal mezelf eerder een levensgenieter noemen dan een moedige vrouw. Eerder een gelukszoeker dan een strijder. Het woord 'strijd' proefde ietwat wrang in de mond, want het suggereert een grote persoonlijke inbreng in deze ziekte. Terwijl mijn lijf net stukje bij beetje terrein wordt en blijft van dokters en de wetenschap.

Men kan zich toeleggen op het zuiveren van het lichaam met voedingssupplementen en de juiste voedingsstoffen, behalve als je geen halve gram kan binnenhouden. Men stelt dat een positieve mindset de helft van de genezing uitmaakt, behalve wanneer het zwart wordt voor je ogen omdat de artsen harde taal spreken wanneer het gaat over het genezingsproces.

'Een 100% oneerlijke strijd', zo noemde mijn behandelend arts de baarmoederhalskanker nadat hij op 9 oktober de scan aan ons had voorgelegd. Wanneer het over kanker gaat, spreken we in de volksmond over een 'gevecht'. Je kan ten strijde trekken, en ertegenaan boksen. Het suggereert dat je zelf actief iets kan doen, om de tumor te doen krimpen.

Het lijkt zelfs zo dat wanneer je het gevecht tegen kanker niet 'wint', je niet hard genoeg 'gevochten' zou hebben. Wie de 'strijd' verliest, heeft niet alles gedaan, of heeft – erger nog – opgegeven.

De ondertitel van dit boek moest klinken zoals ik klink. Hij mag de rauwe werkelijkheid niet schuwen, want het is wat het is. Het gaat over kanker. Maar het gaat ook over alles wat mij als vrouw, als mama, als Lara omschrijft. Het gaat over niets minder dan de 'zin' in het leven.

En dus gingen we voor 'Over de liefde, de lichtpuntjes en de levenslust van een mama die lijdt aan kanker'.

Van bij het begin van de diagnose bestempelde ik mijn ziekte als brute pech. Dat het humaan papillomavirus juist míj uitgekozen had om uit te groeien tot baarmoederhalskanker is puur toeval. Ik trok het slechtste lotje. Ik kreeg het zomaar in mijn schoot geworpen, daar hoefde ik niets voor te doen.

Ik legde mijn lot in de handen van een team oncologen. Zij bekeken alle mogelijkheden en kwamen met behandelingen op de proppen. Ik knikte, ik slikte. Ik stapte op een trein die met een verschroeiend tempo verder dendert, zonder dat ik ooit het stuur echt in handen krijg.

Nadat ik het nieuws had gedeeld met de wereld, ontving ik ontelbaar veel berichten. Boodschappen die me er op moeilijke dagen door hebben gesleurd. Ik herinner me de woorden van mijn papa bij het lezen van een van de kaartjes die op onze keukentafel lag: 'Amai Laartje, zoveel mensen die je een sterke vrouw noemen.' Al lachend beaamde ik de tekst op de postkaart: 'Dat is toch ook zo, papa!'

We schrijven maanden later. 'Fighting cancer' staat er in mijn biografie op Instagram. Ik lig in het ziekenhuisbed in onze woonkamer en mijn lichaam doet zeer. Het is een ongemeen harde strijd, maar ik draag geen harnas.

**In feite valt er weinig te vechten.
Ik ben keihard aan het ondergaan.**

Ik heb me overgeleverd aan de hulptroepen in Gasthuisberg. Wekelijks krijg ik chemo toegediend, die de kankercellen zal aanvallen en vernietigen.

Het gevecht tegen kanker is een gangbare metafoor. Het is oorlogstaal, die ik zelf ook gebruik, omdat het aanvoelt als de enige juiste bewoordingen om te omschrijven hoe zwaar het is.

Het is een kwestie van geluk als de bijwerkingen meevallen. Het is een kwestie van pech als mijn bloedplaatjes drastisch kelderen en ik weer naar het ziekenhuis moet. Het is een kwestie van geluk als de chemo aanslaat. Het is een kwestie van pech als de kanker ervoor kiest om eroverheen te walsen en verder te woekeren. Te midden van al die pech en onvoorspelbaar geluk, verbijt ik pijn en vecht ik als een leeuw voor de zoon in mijn buik en voor mijn dochters thuis.

Ik strijd er ook voor om vertrouwen te blijven hebben. Ik geloof in goede dagen. Ik hoop op beterschap, zo af en toe. Ik pluk de mooie momenten. Ik slorp de zonnige dagen op, en ik prijs me gelukkig dat ik over een bijzonder positieve inborst beschik. Ik ben ervan overtuigd dat ik beter genees wanneer mijn gemoed goed is. Dat houdt me recht, maar de kankercellen binden niet in door mijn strijdvaardigheid.

Het woord 'vechten' impliceert dat er winnaars en verliezers zijn. Er is echter niets zo onvoorspelbaar als kanker. Ik voel me geen strijder, want ik kan niet anders dan incasseren, geduld hebben en hopen op een positief resultaat na een zoveelste scan.

De veldslag die ik dagelijks lever, heeft veelal te maken met het overwinnen van de simpele dingen – aankleden, eten, zorgen voor. En toch ga ik door, om in iedere dag de lichtpuntjes te zien. Mijn levenslust is te groot om het lijden op de eerste plaats te laten komen. Of dat van mij een sterke vrouw maakt, dat weet ik niet. Ik weet wel dat ik altijd zal blijven vechten, voor al wat ik liefheb.

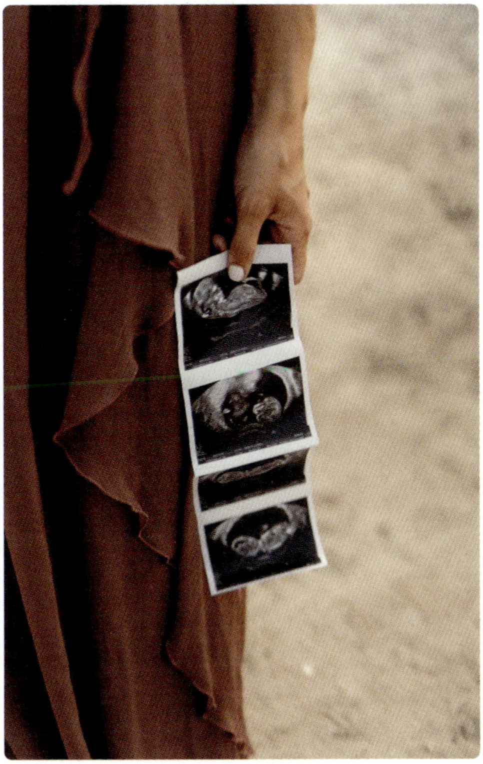

Gender reveal

In nog net iets betere tijden kwam fotografe Elisa langs om mijn bolle buik vast te leggen én om een bad te vullen met blaadjes in de 'juiste' kleur. Aan het einde van de shoot was ik uitgeput, maar de beelden zien binnenlopen gaf me energie. Dat Elisa ook rauwe beelden aflevert, dat ontdekte ik gaandeweg. Maar bovenal maakte ze voor mij iets glamoureuzere familiefoto's – *because that's what I like and love.*

We gaan Gabriels 27ste week net in als we op Instagram bekendmaken dat we een jongetje in ons gezin mogen verwelkomen. Ik ben dolgelukkig met onze zoon. Mijn zoon.

2 NOVEMBER 2020

Nu heb ik jullie lang genoeg in spanning gehouden. Wij waren ervan overtuigd dat het een meisje ging zijn, lekker makkelijk. We hebben alles al en zouden dan niet veel meer moeten aankopen. Maar ik was dan ook overtuigd dat Philippa en Romée jongens gingen zijn haha.

Van zwart-wit naar kleur... ontdek welke kleur de blaadjes in het bad hebben om het geslacht van onze baby te weten te komen.

Mijn lieve papa zorgde voor de bloemen. Hij draaide eens met zijn ogen want zijn dochter heeft nogal gekke ideeën maar dook toch de tuin in en vond deze toppers voor de shoot. You rock daddy DJ.

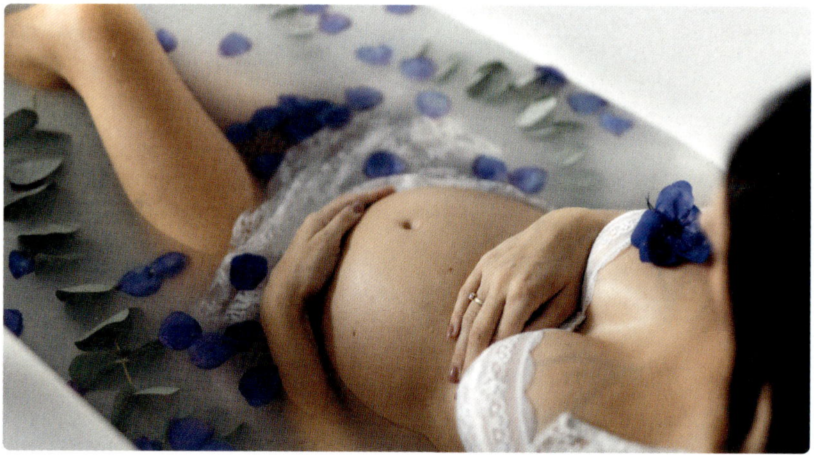

Ik crepeer van de pijn in mijn onderbuik, rug en linkerbeen. Ik wil knutselen met de meisjes, ik wil leuke dingen doen met hen, maar ik verga van de pijn. De kinesist komt langs in een poging de pijn te verzachten. Ik kan mijn linkerbeen intussen niet meer opheffen.

Simpelweg de dag doorkomen is een opgave.

Op 3 november 2020 vertrekken we halsoverkop naar de spoedafdeling van UZL. Ik heb pijn die opkomt en wegebt, het voelt aan als weeën. Alles blijkt goed te gaan met Gabriel, ons wondertje trekt er zich niets van aan. Ik moet een paar dagen blijven voor opvolging en er wordt een vervroegde MRI-scan ingepland om te kijken of de tumor gegroeid is, of dat de bloedklonter van de eerder genomen biopsie verplaatst of vergroot is. Ik heb ook last van extreme constipatie, ook dat kan een mogelijke oorzaak zijn van mijn fysieke leed.

De dag daarna krijg ik nog bloed bij, om aan te sterken. We wachten lange uren. Ik wil bij onze kinderen zijn, thuis. Ze missen me, ze hebben me nodig. Het is al donker wanneer de professor langskomt om de resultaten van de MRI-scan te bespreken. De tumor is in massa vergroot, doordat er druk op staat. Er is geen tumorweefsel bijgekomen, maar wel vocht, bloed, cystevloeistof…

De professor gebruikt in het verhaal twee keer het woord 'genezen'. Het valt me op, en ik klamp me eraan vast. Wie weet was het toch mogelijk…

De mogelijkheid om de tumor, of toch zoveel mogelijk, weg te halen wordt opnieuw besproken. De bestraling zou dan effectiever zijn. Ook omdat ik weer een inwendige bloeding heb gehad, willen ze liever geen risico's nemen. Ze komen later die week met het hele team samen. Ze beslissen dan ook of ik natuurlijk zal bevallen of met keizersnede.

We vertrekken in Leuven om 20 uur, Philippa blijft later wakker om mama nog te zien voor het slapengaan. Steffen eet bij thuiskomst van een ovenschotel die eerder die dag aan onze deur werd gezet. Ik prik in het bakje vers gesneden fruitsalade dat in dezelfde tas voor de deur stond.

Uiteindelijk blijkt een operatie compleet onmogelijk en het oorspronkelijke verdict blijft staande. De kanker heeft zich vastgekleefd aan mijn botten, hem volledig verwijderen is geen optie. Het zou bovendien een zeer complexe operatie zijn, waarbij er een grote kans is op verlamming.

TO BE *by Lara*

Food: Rundscarpaccio (zo puur mogelijk), steak tartaar of steak met roquefortsaus en frietjes, vongole met wijnsaus.

Dessert: Doe mij maar een kaasschotel. Of een ijstaart (vanille), of iets met pudding en fruit (bananentaart!). Of nog het liefst een mini-frambozentaartje van 3 euro per hap – hihi!

Koosnaampjes: Beun, Laralicious, Ladras, Larette, Laartje, Snuitje, Larrie, Teddy, Switteke

Lievelingskleur: Rood. (zeker op de lippen)

Favoriete geur: Patchoeli, een geur die me doet denken aan mijn jeugdjaren en waar ik instant gelukkig van word.

Tattoo: Een ankertje op mijn pols. Ik behaalde mijn diploma en kocht een appartement – ik was 'verankerd', aan de Vaart in Leuven.

Girls trip: Samen met de vriendinnen Sex and the City-gewijs naar New York of naar de Spaanse zon.

Levensles: Probeer zoveel mogelijk te genieten want het leven is kort. Te kort. Koop die handtas! Pronk ermee! Pronk met jezelf! Doe je ding.

Bloemen: Donkerrode pioenen ('Red Grace') uit papa's tuin.

LARA

'Mijn ogen vallen toe en ik typ gwn woorden.'

LARA

'Heb het nagevraagd en hallucinaties zijn heel normaal met die zware dosis medicijnen.'

Ik vraag een aanpassing van de acute pijnstillers, opdat ze beter en sneller zouden helpen. Ik krijg ook spuitjes om de witte bloedcellen te stimuleren. Intussen zijn mijn bloedplaatjes gestegen naar 18.000, en doen ze er alles aan om ze naar minstens 75.000 te krijgen.

Ine en ik communiceren in korte WhatsApp-berichten en voice messages over de wekelijkse column in NINA. Ik hallucineer nog meer en nog vaker. Ik ben kapot. Ik kan niets meer verdragen. Ik lees onze wekelijkse column na, die pijnlijk accuraat is, maar ben zo groggy dat het niet helemaal binnen komt.

Donordate

Ruwweg een jaar geleden nipte ik van een Italiaanse limonade bij Peppe's in Genk. Mijn beste vriendin en ik kwamen net van bij het donorcentrum in het ZOL. Bloeddonatie was op dat moment een ver-van-mijn-bed-show. Een gezellig moment dat snel even tussendoor werd ingebouwd, vooral om elkaar te zien en bij te babbelen. Want 'donordaten', dat is een ding. Afspreken om bloed, plasma of bloedplaatjes te geven, en ondertussen een uur kletsen. We deden het vorig jaar een paar keer: een ellenlange vragenlijst invullen, naaldje prikken, de nieuwste roddels met elkaar delen en een zak plasma achterlaten. Om vervolgens naar een hippe lunchplek door te rijden en daar nog meer te 'tetteren'.

De eerste keer dat ik bloed ging geven, antwoordde ik met schaamrood op de wangen 'ja' bij de vraag of ik kortgeleden (semi-)permanente make-up had laten aanbrengen. Een week eerder had ik mijn wenkbrauwen in de verf laten zetten, en dat was een reden om mijn bloeddonatie nog even uit te stellen. Ik vertrok onverrichter zake weer naar huis, maar was vastberaden terug te keren – en zo geschiedde. Ik had toen nooit kunnen denken dat ik zo snel aan den lijve zou ondervinden wat het betekent om bloed(plaatjes) tekort te komen. Wat het is om zakken vloeistof toegediend te krijgen van mensen die – net als ikzelf vorig jaar – het lef hadden en even de tijd namen om belangeloos een stukje van zichzelf achter te laten.

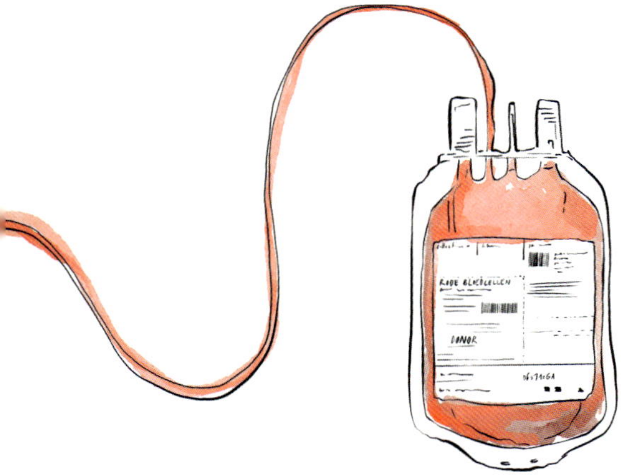

Door de chemo was mijn bloedplaatjeswaarde de afgelopen weken heel laag. Ik voelde me dagenlang hondsellendig en het ene zakje na het andere werd aangekoppeld, via de katheter dat sinds augustus permanent aan mijn sleutelbeen bengelt. De bloedplaatjes sijpelden mijn futloze lijf binnen om aan te sterken. Mijn lichaam slorpte ze langzaam maar zeker op, en zo heel langzaam gingen de waarden omhoog en juichte ik voorzichtig. Plots waren bloedtransfusies niet meer ver-van-mijn-bed, maar hingen ze letterlijk naast mijn bed.

In deze tijden is gezelligheid een kostbaar iets. Wandelen kan je samen, in de buitenlucht. Gaan lunchen, dat mag niet meer. Donordaten, liefste lezers, dat mag wél nog altijd. Je kan (helemaal corona-proof!) op anderhalve meter van elkaar doneren. En lekker lang palaveren, mét mondmasker voor neus en lippen. Had ik toen geweten wat ik nu weet, ik was nóg vaker gegaan. Voor de sfeer, voor de babbel, voor het gevoel om kosteloos iets bij te dragen aan mensen die het kunnen gebruiken. Terwijl ik in mijn ziekenhuisbed lig, denk ik aan de vrije ochtenden waarop ik, als gezond mens, een beetje van mijn kiplekkere zelve liet aftappen. Bloed mag ik na deze episode niet meer geven, maar ik hoop wel over een paar weken weer van een antipastischotel te smullen, samen met mijn plasmabuddy. Om enkele uren later met een rauwe keel van het kwebbelen weer richting de schoolpoort te rijden. Daar teken ik voor, en dat meen ik bloedserieus.

Twee dagen voor de geboorte van Gabriel krijg ik nog zwaardere pijnstillers. Mijn broer mag langskomen, nadat ik aangegeven had dat ik 's avonds niet meer alleen kan zijn. Steffen gaat iedere avond naar huis om bij de meisjes te zijn. Samen zetten we de suikerbonen en geboorteattenties van Gabriel klaar in het ziekenhuis. Er zal niemand op bezoek komen, maar het vrolijkt mijn kamer op. Het geeft me het gevoel toch ergens een 'normale' zwangerschap te beleven.

Ik sukkel zelfs uit bed voor een laatste foto met mijn bolle buikje, zodat ik op Instagram een update kan geven. Op de ochtend van de bevalling post ik een laatste bolle buik foto en daarmee zet ik de wereld even op een dwaalspoor. Er is amper iemand die weet dat de bevalling zal plaatsvinden. Ik ben te bang en te ziek en ik wil mijn Viviboyke voor mezelf houden.

magic
mama
vibes

Moedermelk

Ik heb bij Philippa en Romée geprobeerd borstvoeding te geven, en dat was niet gelukt. Daar heb ik weinig tot geen hartzeer van gehad, omdat ik ervan overtuigd was en ben dat kinderen prima groot worden op de huidige alternatieven voor moedermelk. Maar met ons prematuurtje op komst werd dat in mijn hoofd toch een ander verhaal. Door de chemo was het echter geen optie om zelf moedermelk te geven.

Samen met Ine onderzocht ik de mogelijkheid en de procedure om Ine haar moedermelk te gebruiken om Gabriel te voeden. Haar zoon Leo kwam zes weken vóor Gabriel ter wereld. Na het afnemen van een bloedtest, en het invullen van een vragenlijst ging Ine aan het kolven. Al het witte goud dat ze niet gebruikte voor Leo, werd ingevroren en vertrok naar Gasthuisberg – in de diepvries op Neonatologie. Daar werd de melk gepasteuriseerd en klaargemaakt voor gebruik. Zo kon onze kleine man groot worden op moedermelk, bomvol voedingsstoffen en antistoffen.

Dit buitengewone verhaal maakte veel los, op social media en in de geschreven pers. Ine en ik zijn er hoe dan ook van overtuigd dat álle kinderen groeien op moederliefde. Zij die melk krijgen rechtstreeks van de borst, afgekolfd, of met veel liefde gemengd en geschud uit een fles. Gabriel dronk en groeide goed. Een goeie maand lang kreeg hij moedermelk van Ine - eerst uit een spuitje, later uit een fles. Zeven weken lang werd hij door Manon vertroeteld – *skin to skin*. Gabriel kreeg na een tijdje speciale poedermelk tegen zijn reflux, en Manon startte haar nieuwe job waardoor ze niet meer iedere dag bij hem kon zijn. Laurence, de vriendin van mijn broer, nam deze rol met veel liefde van Manon over.

Life is a bitch

Ik ben moe, zo zo moe… De pijn blijft verschrikkelijk. De bevalling heeft geen verlichting geboden. Tien dagen na de geboorte van Gabriel begin ik terug aan een nieuwe behandeling van zes keer wekelijkse chemo én dagelijkse bestralingen. Ik ben nauwelijks bekomen van wat mijn lichaam in de weken daarvoor heeft doorstaan, maar er is geen andere optie. We moeten en zullen deze kanker bestrijden met alle middelen die er zijn.

foto's zonder bed of rolstoel deed me spontaan glimlachen. Het idee gaf me de moed om het tenminste te proberen. En dus verlegde ik mijn grenzen. Greep ik me vast aan de zijkanten van mijn ziekenhuisbed. Schuifelde ik centimeter voor centimeter richting de rand. Bewoog ik me heel voorzichtig tot ik kon plaatsnemen in de rolstoel. Rolde ik langzaam maar gestaag richting zetel, om mezelf er heel langzaam op te laten zakken. Een klein halfuur later zat ik waar ik wilde zijn. Met mijn meisjes bil aan bil. Uiteraard deed ik mijn stinkende best om het zo comfortabel mogelijk te laten ogen. Met mijn verleden als model (ik was jaren mannequin) ben ik daarin getraind. Fake it till you make it was geregeld mijn motto.

Eens ik in de zetel zat, kropen Steffen, Philippa en Romée naast me. Ik zette me schrap voor de bewegingen die ze maakten. Iedere minieme schok leidt tot een pijnscheut die door merg en been gaat. En al kon ik mijn meisjes niet stevig omarmen of de lucht in zwieren, we schitterden in onze twinning T-shirts. Matchy outfits dragen met mijn dochters: oh, wat had ik het gemist. Simpele dingen, maar wel zaken waarvan mijn hart een sprongetje maakt. Voor deze fotoshoot haalde ik alles uit de kast om er op mijn best uit te zien. Al zie ik het ongemak in mijn ogen op bepaalde beelden, ik kan zeggen dat ik in die opzet geslaagd ben. Mijn haar had een versgeslapen krul en ik haalde een gezonde glans uit 'een potteke'. Hel aan de binnenkant, glamour aan de buitenkant. Het had veel voeten in de aarde, maar ik ben blij dat ik het deed – zo uit dat ziekenhuisbed klauteren. Want machtig mooie beelden van zalige zaterdagvoormiddagen, die zijn voor altijd.

ja

Can you hear me calling
Out your name?
You know that I'm falling
And I don't know what to say
I'll speak a little louder
I'll even shout
You know that I'm proud
And I can't get the words out
Oh, I
I want to be with you everywhere
Oh, I
I want to be with you everywhere

- Fleetwood Mac

Dit nummer stond bovenaan de playlist die Steffen maakte toen we naar Italië reden. We wisten meteen dat we hierop onze openingsdans zouden dansen. Ooit. Zet dit nummer lekker luid op, bij het lezen van dit hoofdstuk!

Open | Search | Scan

www.lannoo.be/lara-playlist

Lieve Philippa, Romée en Gabriel,

De liefde. Ahhhh, de liefde.

Wat is de liefde voor mij? Ik kan daar zonder nadenken één woord op plakken. Allesomvattend.

Ik dacht oprecht dat liefde alles zou overwinnen, voor ik ziek werd. Als je elkaar maar graag genoeg ziet. Daar ben ik dik in teleurgesteld, maar ik geloof wel dat het het leven beter maakt als je liefhebt. Zonder liefde is er geen leven. Ik zou doodongelukkig zijn zonder jullie, zonder jullie papa, zonder vrienden en familie.

De ware tegenkomen, dat gaat meestal niet zonder slag of stoot. Lieve dochters (en zoon!) van me; luister altijd naar de papa! Meestal heeft die wel gelijk. Dat zeg ik nu schoorvoetend nadat mijn eigen vader me altijd van goede raad had voorzien, maar toch steeds van aan de zijlijn moest toekijken hoe ik mijn eigen keuzes maakte. Om het vervolgens te bekopen met liefdesverdriet.

Een hoofdstuk over liefde kan niet bestaan zonder de tegenhanger te benoemen. Niet haat – daar doe ik niet aan mee. Tenzij de haat voor die rottige tumor in mijn bekken.

Maar liefdesverdriet, liefste schatten van me, is een proces waar we allemaal vroeg of laat een keer door moeten. Om dan, wanneer je uit de donkerste krochten van je hart bent gekropen, te beseffen dat het in the end niet de juiste persoon bleek te zijn. Het leek het ergste van de wereld, dat gebroken hart, maar het is geen ramp. Uiteindelijk sta je daar, anders en beter.

Ik kan ervan meespreken want ik heb ook liefde gekend vóór ik jullie papa ontmoette. Het verdriet dat bij een breuk hoorde, heeft me mijn grenzen doen aftasten, het heeft me sterker gemaakt. Het heeft me doen beseffen dat het geen ramp is, om graag te zien, met heel je hart. Om datzelfde hart te zien barsten.

Om De Ware tegen het lijf te lopen in een broeierig café.
Om je hart weer zachtjes te laten lijmen.

Liefde is vertrouwen. Liefde is wederzijds respect. Liefde is eerlijkheid. Liefde is inleven. Liefde is je niet veranderen voor de ander, en sterk in je schoenen staan. Liefde is durven zeggen dat het genoeg is. Of net niet genoeg. Liefde is je eigen grenzen afbakenen, en durven zeggen wat op je hart ligt. Liefde is weten hoe de ander zich voelt, zonder vragen te stellen.

Liefde is een blik die meer zegt dan honderdduizend woorden.
Liefde is Steffen. En Lara. En Philippa, Romée en Gabriel.
Liefde is JA zeggen, op eeuwig en altijd. Waar we ook zijn.

Mama ♥

I do, I do love you

Liefde is ja zeggen.

Eerlijk is eerlijk, wij zouden in dit leven altijd wel een keer trouwen met elkaar. Steffen wilde dat met alles erop en eraan, groots en wild, met een vijfgangenmenu en zo. Voor mij mocht het allemaal wat kleiner zijn, maar wel picture perfect en uitgewerkt tot in het kleinste detail.

Steffen wilde me ten huwelijk vragen op zijn manier, hij had een plan in zijn hoofd dat alles had waar ik van hou: verrassing, foto's, video, en een tikje zottigheid. Hij was gekke dingen van plan, met dat huwelijksaanzoek. Ooit. Een huwelijksaanzoek dat niet paste te midden van de ziekenhuismuren. Ik verbleef in november nog maar net in het ziekenhuis en was voor de tweede dag achter na in een videogesprek met Ine en Lieke (Stories by Mabel). We verzamelden info en verhalen. Voor de kinderen, voor dit boek. Het deed me goed om te kunnen praten.

Het was woensdag 25 november 2020, 11.10 uur in de voormiddag, toen Steffen belde. Ik nam op, Lieke en Ine zwegen even. Ik antwoordde af en toe met 'Ja', en sloot ons gesprek af met de woorden 'Over twee weken dan. Ja. Daaag.' Ik richtte me terug naar de twee dames aan de andere kant van het scherm, en zei achteloos: 'Allee, we gaan trouwen.' Er was geen spetterend huwelijksaanzoek, er zouden geen wekenlange voorbereidingen zijn, er zou geen vrijgezellenfeest zijn. Het was niet meer dan een noodzakelijke stap. 'Om alles in orde te hebben', zoals dat heet in de volksmond. De notaris zou langskomen in het ziekenhuis om alles te bespreken.

Op vrijdag 11 december 2020 zouden we ja zeggen, gewoon snel, onder ons twee. Gabriel zou dan ongeveer tien dagen oud zijn, ik zou tegen dan wel hersteld zijn van de keizersnede. Ik moest lachen om de absurditeit van de situatie. We zouden een derde kind krijgen en de week daarna zouden we trouwen. Wat een grap.

Lieke en Ine doen hun best om niet te gillen, maar uiteindelijk is het Ine die haar enthousiasme niet de baas blijft. Lieke drukt me op het hart dat ik het gewoon aan haar en Ine moet overlaten. 'We gaan er een memorabel moment van maken.' Ze hadden gelijk. Het duurde niet lang voor ik ook mee aan het dromen sloeg, al was het dan heel voorzichtig. We hadden het over de perfecte volumineuze rok, een top met open rug, rode lippen, en een mega bun op mijn hoofd. Zo had ik mezelf altijd gezien als bruid.

Eigenlijk had ik altijd al willen trouwen als gezin, wanneer de kinderen iets ouder waren en ze de dag ten volle mee konden beleven. We konden echter niet langer wachten. Het ging niet goed met mij. We vertelden verder niemand over onze trouwplannen.

De dag na ons gesprek ga ik in een semiroes van pijnstillers. Praten is geen optie meer en we verschuiven de trouwdatum een eerste keer, naar 18 december. Het zou me tijd geven om te oefenen op het pijnloos in en uit de rolstoel raken. Ik kan al weken niet meer stappen, maar wil wel min of meer pijnvrij kunnen zitten wanneer ik mijn jawoord geef.

Doorheen de weken die volgen zijn er beperkte heldere momenten. Ik reageer nooit op de vraag hoe het met me gaat. Het duwt me nog dieper in de put, want het gaat slecht. WhatsAppen over trouwringen, (droog)bloemen en trouwoutfits lukt wel. Praten over positieve dingen, fantaseren over zalig zoete dagen, dat gaat me wel af. Ik hoef geen groots gebeuren, en toch kijk ik vooruit naar de best mogelijke dag.

Droomoutfit ✓ check!

Lieke stuurt screenshots en info over trouwringen door. Beelden van rokken en tops volgen. Ik geef korte instructies: 'nee', 'ook minder', 'zie ik liever nog boller als dat bestaat'. De bruidswinkels zijn door de tweede lockdown gesloten. Gaan passen is geen optie en bovendien lig ik vastgekluisterd in mijn ziekenhuisbed. Lieke bezorgt me beeldmateriaal uit een zalige Antwerpse bruidsboetiek. De eigenaressen van de winkel passen en tonen en combineren – en ik bestudeer alle foto's en filmpjes. Tien berichten later is mijn trouwoutfit samengesteld. Het is er 'BOENK OP'.

Na de geboorte van Gabriel beseffen we al gauw dat ons huwelijk uitgesteld moet worden, naar een onbepaalde datum in de nabije toekomst. Ik heb te veel pijn, ik ben te zwak, ik ga nooit thuis geraken in december. Zucht.

Begin januari pikken we de draad voorzichtig weer op. Ik was inmiddels twee weekends thuis geweest. 15 januari 2021 zou de dag worden – trouwen was de boodschap.

Ringen ✓ check!

Ik wilde geen poespas. De burgemeester komt aan huis, wij zetten onze handtekeningen. Bam, getrouwd. Maar een ring, dat wilde ik wel. En die outfit, die was ook al besteld, begin december weet je nog.

Ik probeer mijn ringvinger op te meten met een stukje karton van een bpost verpakking. Ik vraag op de afdeling Neonatologie, terwijl Gabriel op mijn borst ligt, een meetlint. Ik geef twee verschillende omtrekken door, ik ben niet zeker, het lukt niet. Wat ik wel zeker weet, is dat ik mijn trouwring zal dragen aan mijn linker ringvinger. Daar loopt de slagader door, recht naar mijn hart.

Ine komt op vrijdag 8 januari 2021 langs voor een girls night met mocktails en misselijkheid. Het wordt meteen ook fitting-avond. Steffen en ik nemen onze ringmaten op met een set pasringen van de juweelontwerpster. Ine toont ons klassieke gouden trouwringen, twee opties. Ik weet precies wat ik wil. Het is snel gekozen.

Met onze trouwdatum hebben we niks, dus die komt niet in onze ringen. Steffen en ik geven elk apart een woord door om aan de binnenkant van onze trouwringen – in ons eigen handschrift – te graveren. De juweelontwerpster beweegt hemel en aarde om het klaar te krijgen op een kleine week tijd.

Zonder dat we het van elkaar weten, kiezen we allebei voor het woord everywhere. Nu nog meer dan ooit tevoren.

Fitting ✓ check!

Steffen helpt Ine die vrijdagavond de grootste beschermhoes die ik ooit zag naar binnen dragen. Lieke haalde eerder die week mijn trouwoutfit (rok en top) op in Antwerpen. Omdat ik niets gepast heb in de winkel, zou het een spannend (en fijn!) moment moeten zijn. Alleen geen champagne voor dit moment, ik slurp water met een rietje uit een grote beker en probeer in de eerste plaats wakker te blijven.

Steffen vertrekt. Tijd om mijn trouwoutfit te passen. Ik zet me wat rechter in bed. Alles doet pijn. Futloos trek ik de top over mijn hoofd. De zachte zijden stof valt losjes over mijn broodmagere schouders. De open rug achteraan is perfect, alleen had ik hem liever ontdekt in een metershoge spiegel in een bruidsboetiek, terwijl ik rondjes draai en gil van geluk. Ik voel me verdrietig. 'Kijk me hier nu zitten', zucht ik binnensmonds.

Ine moedigt me aan om ook de rok te proberen. Ik kom uit bed, en balanceer op één been terwijl Ine de rok voorzichtig over mijn benen naar boven schuift. De blaas- en niersondes zitten in de weg. Ik sta voorovergebogen tegen de rolstoel die me in balans houdt. Ik kijk in de reflectie van de donkere ruiten naar mijn spiegelbeeld. Ik draag mijn trouwoutfit voor de eerste keer, en ik gruwel.

De top is prachtig. De rok is prachtig. Hij is wel te klein. Dat ligt aan de tumor. Ik weeg naar eigen schatting hooguit 50 kilo, en pas niet in de voorziene 38. De rits staat minstens 15 centimeter open. Shit. Volgende week trouwen we al. We bellen Lieke. Ine zet haar op speaker en Lieke vult de woonkamer met positieve vibes. Het zou in orde komen, no worries.

Op maandag vinden de dames van de bruidswinkel de rok in een grotere maat (helden!). Ik meet mijn taille op en zij zorgen er in spoedtempo voor dat ik perfect in mijn rok zal passen. Donderdag is hij klaar. Lieke zorgt nog voor een videograaf, wat favoriet Italiaans eten en rokjes voor de meisjes. Vriendin Valerie borduurt hun T-shirtjes met het woord 'everywhere' en zorgt voor de juiste tint kousjes. Steffen wordt aangemaand om zijn Adiletten uit te laten op zijn trouwdag :-). Ik durf amper enthousiast te zijn. Eerst zien dat alles deze keer wel lukt.

Tranen ✓ check!

Niemand weet van onze plannen. We willen het intiemer dan intiem. Het móet intiemer dan intiem, want de coronamaatregelen laten niet toe dat familie en vrienden getuige zouden zijn van ons jawoord.

En dus nemen Lieke en Ine contact op met onze ouders en broers, om een ceremonie vorm te geven met hun input en verhalen. De burgemeester van Beringen, Thomas Vints, komt na de ceremonie aan huis om ons in de echt te verbinden.

In de voormiddag van 15 januari 2021 krijg ik nog bestralingen in Leuven, rond het middaguur arriveer ik thuis met de ziekenwagen. Philippa en Romée mogen voor één keer een halve dag school missen, en kunnen zo rustig wennen aan hoe onze huwelijksdag zich ontrafelt. Steffen doet nog een dutje op de zetel, de kindjes spelen wat en wanneer de deurbel gaat, zie ik vriendin Floor binnenwandelen. Met haar piano. Huh, hoezo dan? (Surprise!)

Ik word klaargestoomd vanuit het ziekenhuisbed in de woonkamer. Steffen gaat zich dan toch boven omkleden en moet daar blijven, tot ik in mijn outfit ben gekropen. Het gaat moeizaam en alles samen doe ik er een halfuur over. En dan te bedenken dat ik dit ooit als job deed, kleren in sneltempo aan- en uittrekken. Het duurt vervolgens nog langer om Philippa en Romée in hun rokjes te krijgen. Eigenwijze dochters van mij. Ze zien er prachtig uit. En ik ook.

Mijn mama verrast haar kleindochters met een briefje en bloemenkroontjes – en terwijl ik het aan hen voorlees, moet ik de eerste keer slikken. Mijn ziekenhuisbed wordt aan de kant geschoven en een roze velvet ceremoniebankje komt in de plaats. Ik krijg het meest perfecte bruidsboeket in handen. Net voor ik van de zetel naar ons bankje wil verhuizen, draait mijn maag zich om. Ine verstopt een emmertje achter wat kussens. Binnen handbereik, mocht het nodig zijn.

Floor zet instrumentaal 'ons nummer' in. Everywhere. En daar komt hij. Wat onwennig, maar voor mij is het het allermooiste moment van de dag. Steffen komt de trap af en ontdekt mij, op mijn allermooist. Wanneer hij mijn richting uit wandelt, door de keuken en rond de tafel, zet Floor de zang in. Het voelt zoals het moet zijn.

Steffen heeft een enveloppe voor me bij, compleet onverwacht. Hij is geen romanticus, die man van mij. Ik open zijn cadeautje. Lees het kaartje met zijn handschrift en boodschap:

'... voor altijd zal ik van je houden, voor altijd blijf jij mijn vrouw. Vivi.' De verrassing in Steffens handen, is een kettinkje met het woord 'Everywhere', in zijn handschrift. Zo draag ik zijn liefde voor mij niet alleen aan mijn ringvinger overal met me mee, maar ook dicht bij mijn hart. Tussen het kaartje dat hij aan me geeft bengelt nog een koordje met iets raars aan... een gedroogd theezakje. Mijn ogen stromen vol.

Op het label aan het touwtje van het verschrompelde Yogi Tea zakje dat Steffen me, samen met de ketting, geeft staat te lezen: 'There is and there was nothing like you, and there shall be nothing like you.' We zijn nog niet goed begonnen en ik laat mijn tranen al de vrije loop.

Vóór wij een koppel werden, belandde ik om 5 uur 's ochtends in Hungaria, het stamcafé waar we allebei geregeld werkten. Steffen stond achter de toog en ik bestelde bij hem een thee. Na wat morren maakte hij er één. Ik riep hem al snel tot de orde want: 'Er zit geen smaak aan mijn thee.' Steffen zuchtte, rolde met zijn ogen en dacht: 'Daar is ze weer met haar noten op hare zang.' Hij stopte het theezakje in zijn mond, zoog het leeg, dropte het vervolgens met veel show terug in mijn tas thee, en meldde droogweg: 'Voilà, nu hebt ge thee met smaak.' Het was het begin van mijn fascinatie voor zijn humor. Het begin van alles.

Magie ✓ check!

Tijdens de ceremonie weerklinken muzieknummers die voor ons alles zijn. Nummers gelinkt aan onze drie kinderen, aan onze liefde voor elkaar, en aan onze liefde voor het zorgeloze leven. Wanneer je de nummers beluistert, doorheen dit boek in Spotify-links gegoten, wees dan welkom in onze huiskamer op 15 januari 2021.

Alles vloeit die dag in elkaar. Het is bijna perfect. Ik kan me zelfs, ziek of niet ziek, niet inbeelden dat er een betere dag zou kunnen zijn dan dit. Het is zoals we zijn. Met een streepje improvisatie, wat chaos onderweg, maar perfectie op het einde van de dag. Het was mooi, echt heel mooi… Alleen Gabriel werd gemist, al was hij in de kleinste details en de grote verhalen wel aanwezig.

Ik had totaal geen verwachtingen, en misschien daarom was het nog honderd keer mooier dan ik had durven dromen. Als ik één ding had kunnen kiezen, dan was het dat ik naast mijn man had kunnen staan die dag. Op hakken lopen, al was het vijf stappen. Foto's buiten maken, rechtopstaand.

We tekenen die dag als gezin van vijf. Gabriel zette – als verrassing – zijn handtekening een paar dagen eerder op een wondermooie akte, toen meter Manon ging kangoeroeën. Ze tekende zijn handje af op de Neonatologie, en wij vier tekenen op dezelfde manier met zijn zussen thuis. JA, op ons gezin van vijf. JA, op het leven. JA, op de liefde.

Getrouwd ✓ check!

Het lijkt alsof ik al die tijd mijn adem inhield, en wanneer de laatste noten van Floors pianotoetsen weerklinken, zeg ik moe maar voldaan: 'Zo, dat was het dan.' Ik word erop gewezen dat de burgemeester voor de deur staat. Ik ben doodop, trek mijn trouwoutfit uit en ga in een T-shirt en mijn onderbroek in bed liggen.

Ine, Lieke en Floor vertrekken. Ik bijt nog even op mijn tanden voor de laatste formaliteiten, en zo wordt ons huwelijk ook officieel bezegeld. Wanneer het stil wordt in huis, blijven wij zinderend achter. Wat was er zojuist gebeurd…

Ik heb heel lang het gevoel gehad dat ik dit stukje van mijn verhaal voor mezelf wilde houden. Het was mijn geheimpje, iets waar ik met zoveel liefde aan terugdenk. Toen ik mijn derde zwangerschap aankondigde, was dat onmiddellijk met de boodschap dat ik kanker had. Ik overdonderde er onze ouders mee, onze broers, vrienden, familie, kennissen, en al mijn volgers op Instagram.

Dit verhaal wilde ik op míjn tempo delen met de wereld. Op mijn manier. Misschien ben ik er zelfs nu nog niet helemaal klaar voor. De herinneringen zijn prachtig, de trouwfoto's ook. En dus deel ik dit wondermooie moment, met jullie. Steffen is mijn man, en dat is fenomenaal geweldig.

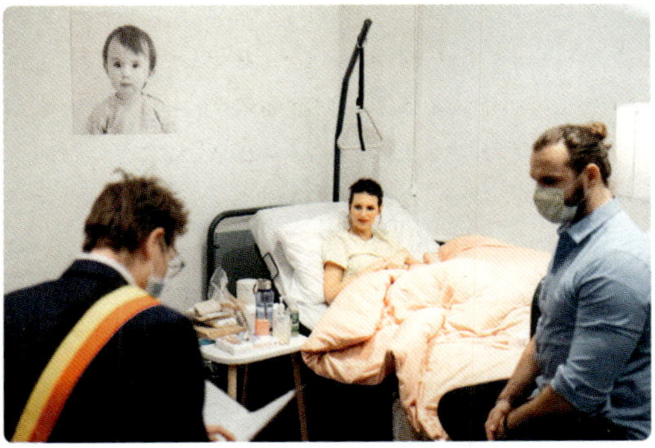

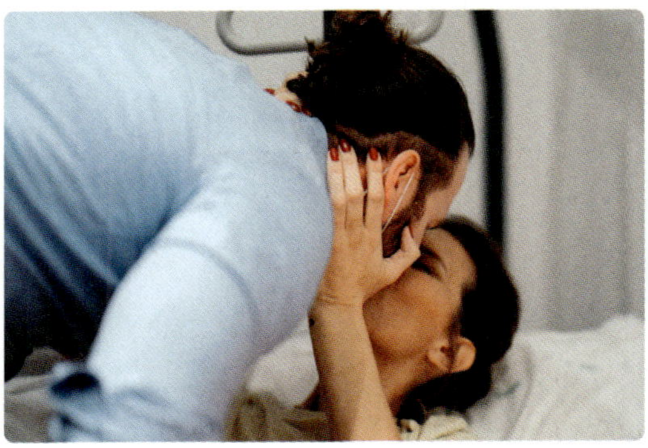

Lieke en Ine gingen aan de slag met onze ouders en broers. Ze interviewden, schreven en vertelden op 15.01.21. Een greep uit de woorden die mijn schoonfamilie over ons te vertellen had...

Lutgarde, mijn schoonmama

'De warmte die Lara en Steffen uitstralen, hangt bij hen thuis in de lucht. Je ziet het in hoe ze naar elkaar kijken, je hoort het aan wat ze zeggen tegen elkaar. Lara heeft altijd gezegd dat ze wilde trouwen met Steffen, en Lara haar willeke... Steffen kan op zijne kop gaan staan, maar uiteindelijk buigt hij toch. Ik heb een goed gevoel bij hen twee, het zijn allebei chaoten, maar ze houden heel veel van elkaar en van hun kindjes.'

Jochen & Inne, mijn schoonbroer en schoonzus

'Hun leven wordt compleet overhoop gehaald, en toch ontzien ze de kinderen en zorgen ze ervoor dat hun wereld niet mee op hun kop wordt gezet. Steffen zal altijd alles opzijzetten voor zijn vrouw en zijn kinderen. Ik weet dat hij het kan, het ligt in zijn aard. Wij proberen op te vangen en te helpen waar we kunnen. Voor mijn broer is Lara de vrouw van zijn leven.'

Alex & Mia, mijn schoonvader en stiefschoonmoeder

'Het zijn de 'kleine dingskes' waaraan je merkt dat het goed zit tussen die twee. Steffen heeft het lot gewonnen met Lara. Ik vind het magnifiek om hen bezig te zien. Ook hoe Steffen zich tegenwoordig ontfermt over het huishouden. Dat vind ik heel knap. Die twee zijn voor elkaar gemaakt. Waar werken in een cafeetje al niet goed voor is!'

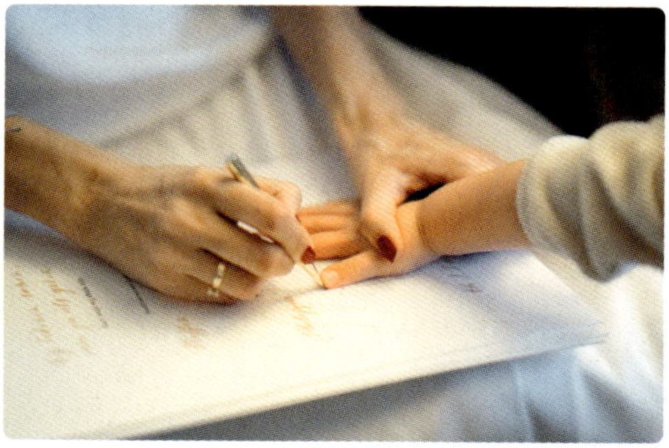

15 januari 2021 was a lucky shot – dat blijkt al de dag daarna. Mijn bloedwaarden nemen weer een steile duik, en ik moet een dag eerder terug naar Leuven dan gepland. Op zijn kamer in Neonatologie vertel ik Gabriel alles over onze trouwdag, in geuren en kleuren. Mijn hart klopte nog altijd wat sneller dan gewoonlijk. 'Everywhere' bengelt aan mijn hals. Ik streel Gabriels hoofdje met mijn linkerhand, en kijk naar het gouden bandje dat me voor altijd verbond met zijn papa, en ik wist dat het echt was. Dat het echt is.

Echte liefde.

Ik droom ervan om dit nog een keer over te doen, in de zomer. Met onze families erbij, mijn omaatjes en opaatjes inclusief. Een groot feest met schotels vol Italiaanse tapas. De perfecte opvolger van ons intieme feestje in de woonkamer. En als het ook maar even kan dan draagt hij me daarna de drempel over van een hotelkamer in Italië of dansen we met z'n tweeën in de uiterste hoek van de tuin van ons huis terwijl dit door de boxen klinkt...

'Oh, I, I want to be with you everywhere.'

Ja, ja en nog eens ja!

Sincere thanks to
Lieke Biesemans, Stories by Mabel (ceremonie) ♥ Floor van der Linden (muziek) The Ivory Club (wedding outfit) ♥ Knits by Dellie (gebreide wedding vest) ♥ Frankie and Fish (fotografie) ♥ The Untold (videografie) ♥ Veronique Sneyaert (ringen en ketting) ♥ Bricks & Blooms (bruidsboeket) ♥ Elle & Rapha & JBC (outfit meisjes) ♥ Touch of Gold (persoonlijke akte) ♥ Peppe Lazza (diner) ♥ Nina Stevens (make-up) ♥ Claudia D'Anna (kapsel) ♥ WonderRentals (velvet bankje) ♥ (en Ine, always!) :-)

Lieve Philippa, Romée en Gabriel,

De afgelopen jaren heb ik het verhaal van tientallen verliefde zielen mogen vertellen, tijdens de mooiste huwelijksceremonies. Vanop de eerste rij zag ik hoe mensen hun jawoord gaven aan elkaar in weidse boomgaarden, versierde feestzalen en verlaten loodsen.

Vanop de zijlijn zie ik vaak hoe koppels meestal maandenlang plannen aan die ultieme 'mooiste dag' - en hoe dan aan elk detail wordt gedacht. De liefde vieren, met (Pinterest) perfectie en wat toeters en bellen - dat wordt trouwen immers al gauw.

Nooit eerder zag ik een huwelijksdag ontrafelen op een paar dagen tijd. En voor het eerst zag ik hoe een woonkamer de plek werd voor een jawoord. Jullie woonkamer. Zetel aan de kant. Ziekenhuisbed tegen de muur. Het mooiste boeket in jullie mama's hand. Jullie papa's hand de plek voor haar andere hand. En tranen die rolden, uit werkelijk iedere ooghoek.

Er werd geluisterd, gulzig en ontroerd. Naar het verhaal van een eerste keer kussen in Leuven en dan toch maar netjes apart gaan slapen. En jullie mama die eigenlijk best wel veel drama verkocht de eerste maanden samen... maar die uiteindelijk wel 100% voor jullie papa ging. Het verhaal van een duo van 'samen uit, samen thuis', van geen ruzie maken over dwaze kleine dingen en niet gaan slapen met ruzie. Of toch niet te veel.

Allebei gek van Italië. Allebei de blik op een enkele prioriteit: hun gezin, hun kinderen, elkaar. Het verhaal van Lara en Steffen, jullie ouders, partners, maar vooral soulmates weerklonk in alles, maar vooral in twee keer JA!

Ik zag hoe Ine overmand werd.
Hoe ze haar tranen droogde en weer sprak.
Ik zag hoe Floor maar bleef doorspelen.
Soms met haar ogen naar de grond.
Maar voluit toen ze Forza Juve en zo zong.

Ik voelde hoe de wereld stil stond, toen mama en papa de volgende woorden lieten weerklinken:

Vandaag, morgen en overmorgen ben ik de jouwe
Ik zal er zijn, ik zal je dragen
Ik zal er zijn wanneer de zon schijnt
en we gieren van het lachen
Ik zal er zijn wanneer het donker is
Waar onze weg ons ook brengt
Ik zal van je houden
Ik zal er voor je zijn
Always and everywhere

Ik hoorde hoe de stem van jullie mama kraakte.
Ik hoorde hoe de stem van papa vol was van graag zien.

Lieve Philippa, Romée en Gabriel,

Nooit hoorde ik zoveel JA, dan toen.

Liefs,
Lieke

Memory box

Ik heb een zwak voor foto's uit de oude doos. Papieren schatten op zolder. Vergeelde postkaarten met een handgeschreven boodschap die nooit vervaagt. Als kind al kon ik urenlang graaien in beelden uit vervlogen tijden. Dan lachte ik om de kledingstijl van weleer. Tegenwoordig rust op mijn neus eenzelfde grote bril met crèmekleurige montuur als diegene die mijn vader draagt op versleten vakantiekiekjes. Speelt dezelfde lach op mijn lippen als die van mijn mama toen ze mijn leeftijd had.

In verwachting van onze eerste dochter ging ik nieuwsgierig op zoek naar babyfoto's van mezelf. Ik legde ze naast de vondsten uit Steffens verleden. We maakten de optelsom van zijn donkere ogen en mijn volle mond, en we droomden volop. Philippa werd geboren en ze was perfect. Romée en Gabriel al evenzeer. Voor elk van hen vul ik een doos vol schatten. De memory box van de meisjes bevat het zwangerschapsboekje waarin ik per week mijn lichamelijke- en gemoedstoestand bijhield. Hun eerste tut zit erin. Een eerste outfitje. Een schriftje vol anekdotes over iedere stap die ze maakten – letterlijk en figuurlijk. Een stapeltje foto's, gekozen uit de miljoenen beelden die in de cloud staan. Ik ben er altijd van uitgegaan dat ik deze kistjes persoonlijk zou kunnen overhandigen aan mijn dochters wanneer de tijd rijp was. Dat ik samen met hen kon zuchten en zwijmelen wanneer zij zelf een eerste kleintje verwachten.

Toen ze me zeven maanden geleden vertelden dat ik mijn kinderen niet groot zou zien worden, stond mijn wereld stil. Het was een donderslag bij heldere hemel. Het werd zwart voor mijn ogen. Maar ik kon één ding helder zien: die boxen vol herinneringen moesten uitpuilen van liefde. Een doos vol schatten voor mijn schatten. Nog voor Gabriel ter wereld kwam, stond er dus ook voor hem een doos klaar. Met op de bodem:

een brief aan mijn nog ongeboren zoon. Ik schreef hem de avond voor hij geboren werd, in een toestand die veel weg had van zweven tussen hemel en hel. Daarbovenop rust inmiddels ook zijn eerste flesje waaruit hij dronk op Neonatologie.

Sinds ik ziek ben, zijn de memory boxen niet enkel samengesteld uit spulletjes uit hun babytijd. Meer dan ooit verzamel ik actief schatten voor de toekomst. Boodschappen die ze op gezette tijden kunnen openmaken. Op bijzondere gelegenheden kunnen ze een cadeautje uitpakken van mij. Oorbelletjes wanneer ze twaalf worden. Kettingen met hun naam in mijn handschrift, te openen op mijn 45ste verjaardag. Een brief die troost biedt wanneer liefdesverdriet voor het eerst hun hart doorklieft. Een half A4'tje waarin ik hen – los van elkaar – vertel hoe bijzonder ze zijn. Hoe trots ik ben. Hoeveel ik van hen hou. En zo staan hier drie dozen klaar, om in te snuisteren. Om in te graaien, wanneer zij daar zin in hebben. Om vast te houden aan wat is, en altijd zal zijn. Want hoe graag ik hen zie, alle drie, die boodschap mag en zal nooit verbleken. Meer dan ooit hoop ik dat ik de dozen kan blijven vullen, nog jaren en jarenlang.

Honeymoon

In elk van de drie memory boxen verdween ook een akte, ondertekend en wel. Er werden droogboeketjes voorzichtig bewaard. Mijn wedding outfit werd zorgvuldig opgeborgen. We hadden heel even de droom om er tussenuit te gaan met ons twee. Vrijdag na de trouw naar Zeeland, als minihoneymoon. Al snel werd duidelijk dat het beter was om thuis te blijven. Op zondag reed mijn man zijn kersverse vrouw vervroegd naar Leuven.

18 NOVEMBER 2020

Als je me ziet op foto... lijkt het soms alsof er geen vuiltje aan de lucht is. Gewoon een gelukkige mama in de fleur van haar leven. Jammer genoeg is het niet zo. En vertrek ik zo vervroegd naar Leuven omdat het niet gaat met mij. Omdat ik blijf overgeven, niet kan eten en daar bovenop non-stop een bloedneus heb. Naast de chemo en de bestraling is dit alles er te veel aan. Ik ben het soms zo beu en snak naar mijn oud leven... een leven dat een vage droom lijkt. Om dan nog maar te zwijgen hoe erg het is, dat mijn meisjes dit moeten meemaken, moeten toezien hoe hun mama het enige weekend dat ze thuis is, doodziek is. 💔

Perfecte plaatjes

Het is weekend. Eindelijk. Ik heb de dagen afgeteld tot ik weer thuis kon zijn na een reeks van bestralingen en chemo in Gasthuisberg. Het was mijn zwaarste week ooit. Het vriest dat het kraakt en ik hoor mijn meisjes luid lachen. Samen met hun stemgeluid rollen wolkjes warmte van hun lippen. We zitten in de tuin en ik glimlach vanuit de rolstoel. Steffen heeft me buiten gerold, naar een zonnig plekje van waaruit ik onze dochters kan gadeslaan. Ik hou van de natuur, van de buitenlucht. Daar heb ik de afgelopen weken maar heel weinig van kunnen proeven. Ik zuig de ijskoude zuurstof in mijn longen tot ze bijna knappen en kijk door de lens van mijn fototoestel naar Philippa en Romée. Ik zie hoe ze spelen, lachen, gillen. Ze zijn zo mooi. Ze huppelen – zoals alleen zij, met hun jonge kinderbenen, dat kunnen. Vroeger rende ik achter hen aan, rolde ik over de grond en maakte ik foto's van iedere stap die ze zetten. Nu vloek ik binnensmonds, omdat ik alles vanuit dezelfde hoek bekijk.

Terwijl mijn dochters voorbij dwarrelen, slorp ik hun energie op. Ik leg hun bedrijvigheid vast op camera. Het is te lang geleden dat ik mijn camera vastnam. Ik heb hem gemist, besef ik, terwijl ik de sluiterknop indruk. Philippa glipt het huis binnen en komt terug met een handvol wegwerprietjes. Een overblijfsel van de tijd vóór we ons bekeerden tot herbruikbare drinkbuisjes. Ik rijg de rietjes aan elkaar tot een lange stok. De meisjes gebruiken hem als toverstaf. Er wordt getoverd in het zonlicht. Ik doe in stilte een wens en geniet intens. Heel even word ik teruggekatapulteerd naar vroeger. Gewapend met mijn fotocamera en de onmiskenbare honger om beelden te schieten. Ik gun mijn ogen de kost en vergeet een moment hoe ik de afgelopen dagen zelfs geen water kon binnenhouden van de misselijkheid – mogelijk een neveneffect van de chemo.

Ik schrik wakker uit mijn dagdromen want Romée valt over haar eigen voeten. Ze moet huilen. Mijn hart huilt mee, want ik kan niet opstaan om haar recht te helpen. Ik dirigeer haar met de meest liefdevolle stem om tot bij mij te komen, voor een kusje op haar hoofd en een zachte streel over haar wang. Ik kan haar niet troosten met een stevige omhelzing, ze kan niet bij me op schoot – dat doet te veel pijn aan mijn linkerbeen. Ik dep haar tranen en verbaas me erover hoe veerkrachtig ze is, mijn kleine meid. Terwijl Romée naar me toe stapt, haar tutje nog in de mond, neem ik een foto. Later die dag zet ik het beeld in zwart-wit. Ik heb altijd een voorliefde gehad voor de dramatiek van kinderlijke emoties. Klik – op de gevoelige plaat. Ik post de foto van Romée op maandagochtend, wanneer ik in de ziekenwagen weer richting het UZ Leuven vertrek. In mijn weekendtas een voorraadje foto's om de hele week op te teren. Om te delen op Instagram, met de juiste caption.

Once a mom blogger, always a mom blogger.

Vreugdedansje

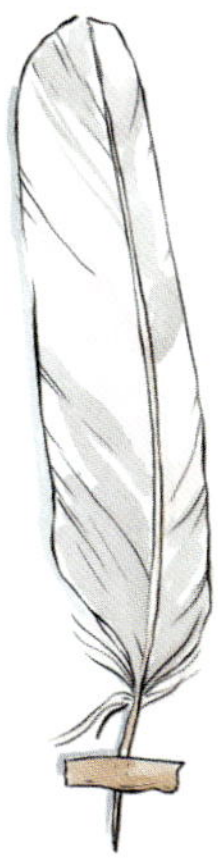

21.01.2021 - 21.21 uur en 21 sec.

This must be magic. Ik zit in mijn ziekenhuisbed te glunderen want wij kregen voor de eerste keer eens echt goed nieuws. De bestraling heeft ervoor gezorgd dat de kleine tumoren allemaal weg zijn, zowel die in mijn buikholte als die in mijn baarmoederhals. De vlekken in mijn longen zijn groter, wellicht een infectie. Ze gaan dit driemaandelijks opvolgen. De grote klier is stabiel gebleven en bestaat uit dood vocht, wat wijst op dode cellen. Ze denken dat de kanker daar verdwenen is maar dat kunnen ze niet met 100% zekerheid zeggen.

Ik had het nooit durven geloven en hoopte er niet op. Zelfs de proffen zijn verbaasd, de bestraling/chemo deed zijn werk. HOORAY! Ik staar wat met open mond naar de professor en vraag het nog eens. Hij herhaalt: 'Dit is goed nieuws, Lara.' Ik mag naar huis zodra mijn bloedwaarden goed zijn.

Ik doe binnenin een vreugdedansje al moet het nog doordringen. De klier blijft echter gevuld met vocht waardoor hij niet krimpt. Waardoor ik in de rolstoel blijf zitten en blijf leven met pijn. Echt helemaal blij kan ik niet zijn. Wel is er nu terug meer hoop. Hoop dat het kan en dat alles mogelijk is. Dat de bestralingen nog maanden zullen doorwerken, dat mijn lichaam op krachten zal komen en het grote gezwel zal aanvallen. Dat mirakels bestaan en dat de steun van onze familie en vrienden onvoorwaardelijk is.

Een beetje magie

Rationeel ben ik. Eerst zien en dan geloven. Niet te veel zwans, zachtheid en zweverige shizzle. Rechttoe, rechtaan. In mijn relatie, in mijn vriendschappen en naar onze kinderen toe. Toen ik in de zomer van vorig jaar ontdekte dat er een tumor in mijn bekken groeide, was dan ook het eerste dat ik dacht: die moet eruit. Weg ermee, cut the crap.

Dat ging niet, ook niet als ze de botten waarmee hij intussen vergroeid zat mee zouden amputeren. Alle pijlen op een chemokuur dan maar. En nog één, in combinatie met bestralingen. Daarna nog een chemobehandeling, voorlopig de zwaarste van de drie. En ik had al zo afgezien. Het traject van achttien keer is nu bezig. Alles op alles om die rotkanker en zijn metastasen klein te krijgen.

Ik kreeg ontelbaar veel berichten van mensen die het beste met me voor hebben. Die me alternatieve behandelingen aanreikten, want het had geholpen bij hun moeder, nonkel of hond. Aangepaste voeding, kruiden, een wonderdokter in Jeruzalem, kankertherapieën zonder chemo, geen suiker in de koffie, geen koffie, boeken vol inspiratie. Ik werd om de oren geslagen met goedbedoeld advies. Ik vond het waanzinnig hoe mensen, die ik vaak niet eens kende, meeleefden. Ik was dankbaar voor zoveel good vibes – want die kreeg ik ook, met bakken.

Mijn rationele zelve vocht in eerste instantie met zoveel niet-wetenschappelijk onderbouwde alternatieven. Het moest nog tot me doordringen dat ik kanker had. Ik wilde in de eerste plaats niets liever dan geloven in de geneesmethode die mijn behandelend arts voorstelde. Samen met vele anderen brandde ik een kaars, iedere dag. Dat was al heel wat, geloven in een dansend vlammetje.

Werkt beschermend, opbeurend en trekt geluk, voorspoed, succes en welvaart aan. Deze zonnige steen vermindert neerslachtigheid en depressie, angststoornissen en destructief gedrag en geeft moed, energie en laat je weer van het leven genieten.

Toen op 9 oktober van vorig jaar de woorden 'ongeneeslijk' werden uitgesproken, zaten we middenin de eerste chemokuur. Het was een slag in mijn gezicht. Steffen en ik probeerden vast te houden aan een mirakel, bestaande uit een kankertherapie die nog ontdekt moest worden. Dat doen we nog altijd, trouwens. Steffen struint dagelijks het wereldwijde web af op zoek naar oplossingen.

Na de geboorte van Gabriel doorstond ik nog altijd onmenselijke pijnen, en besprak ik voor het eerst het gebruik van CBD-olie met de professor in UZL. Sommige mensen zweren erbij, ik wilde het aangrijpen als extra vorm van pijnbestrijding en herstel. Samen met mijn huisdokter en behandelend arts werd de juiste samenstelling voorgeschreven.

Daarnaast startte ik met het drinken van zuurzakthee. Graviolabladeren worden gewonnen uit de Surinaamse natuur en zouden kankercellen doden zonder nadelige gevolgen voor de rest van het lichaam (integendeel). Ze zouden ook effectief zijn bij het tegengaan van de bijwerkingen van chemotherapie. Ik dronk iedere dag 3-5 koppen thee, en wilde geloven dat het hielp om de tumor te doen krimpen. 'Baat het niet, schaadt het niet' was mijn motto. Het zorgde er ook voor dat ik mijn hoeveelheid water van de dag steevast binnenkreeg.

Toen ik in maart te horen kreeg dat er uitzaaiingen waren in mijn longen en in mijn lever, zette ik mijn beredeneerde hoed af. Mijn rationele blik maakte plaats voor een zachtere benadering. Samen met onze dochters sorteerde ik de kristallen die ik in de afgelopen maanden van vriendinnen en kennissen toegestuurd had gekregen. We reinigden ze, en we lieten ze opladen in het vollemaanlicht. Nooit gedacht dat ik dit zou doen. Philippa en Romée vonden het leuk om te doen, waardoor het een extra verbondenheid tussen ons (en de kristallen) creëerde. Sindsdien liggen ze naast mijn bed en neem ik er een paar mee als ik naar het ziekenhuis moet voor de wekelijkse chemo.

Ik liet me inspireren door Elisa Guarraci, die ook de illustraties voor dit boek maakte, om te mediteren. Ik kan en wil het niet iedere dag doen, maar het is me wel al gelukt om af en toe uit te zoomen en mijn gedachten op stil te kunnen zetten. Ik heb het ook lang moeilijk gevonden om te kiezen voor mezelf, wanneer het gaat over lichaamsverzorging die geen uiterlijk doel heeft.

Na lang aarzelen maakte ik een afspraak bij een voetreflexologe. Zij zorgde voor zoveel rust in mijn hoofd en in mijn lichaam dat ik prompt een volgende afspraak inboekte. Een momentje alleen voor mezelf – heerlijk. Het belangrijkste is dat de pijn in mijn linkerbeen zo op de achtergrond verdwijnt. Zij komt tweemaal per week langs. Ik liet me zelfs overhalen tot een energetische/rustgevende massage aan huis. In een huidig klimaat zonder contact doet het ook gewoonweg deugd om eens handen op mijn huid te voelen die niet-medisch van aard zijn..

Alles wat mijn moegetergd lijf kan helpen, grijp ik aan. Ik heb het nodig. Ik verdien het. Een beetje magie is alles wat ik nu kan gebruiken. En een mirakel.

22 JANUARI 2021

Niet naar huis dit weekend want mijn bloedwaardes staan heel laag. Ik snap het wel want voel me slap en moe. Bedankt stomme chemo. Maar als ik nu naar huis ga is het voor 3 maanden want de behandeling zit erop. De bestraling werkt al die maanden nog verder. Dus ze kunnen me maar ineens te goei oplappen, dan moet ik niet meer terugkomen.

#gelukjegabriel 🍀

Tijd inhalen

Gabriels uitgerekende datum stond gemarkeerd in mijn agenda, met hartjes en een klavertjevier bij. 4 februari 2021 zou D-day geweest zijn, al dacht ik van bij het begin dat hij wel iets eerder zou zijn – net als zijn zussen. Het werden alleen geen twee weken, maar negen weken vroeggeboorte.

Onze dochters legde ik meteen na de geboorte op mijn borst. Ik leerde hun geluiden kennen vanaf dag één. En zij de mijne. Toen Gabriel met een keizersnede ter wereld kwam, toonden ze hem heel even. In een waas, want de zware pijnmedicatie en de chemokuur hadden hun sporen nagelaten. Pas dagen later zag ik hem opnieuw. Ik had me voorbereid op kabeltjes, draadjes en warme kamers. Ik wíst dat het niet zou zijn zoals bij mijn meisjes. En toch was het hartverscheurend. Ik herinner me weinig tot niets van de eerste dagen van zijn leven en pijn overschaduwde kersvers geluk. Behalve wanneer zijn huid op die van mij rustte. Zodra ik er fysiek toe in staat was, werd ik naar Neonatologie gerold. Kangoeroeën met Gabriel werd mijn rustpunt van de dag, tussen alle behandelingen, misselijkheid en het bange afwachten door. Op Gabriels kamer op de afdeling Neonatologie leerden Steffen en ik hem van zijn flesje drinken. We gaven hem een badje met een tetradoek rondom zijn kleine lijfje, voor extra geborgenheid. Er werd ons geduldig getoond hoe we konden verluieren, met alle snoertjes om hem heen. We voelden ons soms verloren maar gelukkig is 'houden van' een aangeboren talent. En daar hielden we ons stevig aan vast. Aan hem, en aan elkaar.

Gabriel sterkte aan, en dus werd hij eindelijk, buiten zijn cocon, naar de afdeling Gynaecologische Oncologie gebracht. Ik besefte niet dat ik zo had uitgekeken naar dat moment, tot ik zijn bedje langs het mijne had staan. De eerste middag dat Gabriel bij mij op de kamer mocht, wilde ik hem niet delen met Steffen. Ik wilde hem diep in mijn buidel stoppen. Ik wilde zijn luier verversen, zijn hoofdje strelen, zijn buikje vullen. Ik hoorde zijn ademhaling, zijn zuchtjes, zijn kreuntjes en mijn mamahormonen maakten een inhaalmanoeuvre. Bijna twee maanden na de geboorte heb ik eindelijk het gevoel dat we kunnen 'bonden'. We leerden hem kennen, niet alleen die korte uurtjes huid-op-huid, maar zoals het 'echt' is. Urenlang, een hele dag. We genoten en we ontdekten. En langzamerhand werd ik wakker. Trok de waas weg. De zware kuur van chemo én bestralingen zit er voorlopig op. En nu is het afwachten tot de check-up over drie maanden. Ik kijk in mijn agenda en ik wil maar één ding en dat is tijd. Ik wil een mooie zomer – niet één, maar vijfenvijftig. Ik wil tijd om aan te sterken, te bekomen, te vechten. Tijd thuis, met Gabriel op mijn buik en de meisjes aan mijn voeten. Ik wil 'bonden' met zijn vijven – dagen, weken, jarenlang.

1 FEBRUARI 2021

Bloed 🍀✓
Infectiewaardes ✓✓
Geen koorts ✓✓

Ik durf het bijna niet hardop zeggen maar om 14u vertrek ik normaal richting huis met de kleine Gabriel. We are soooooo ready!!

Eindelijk samen

Maandagnamiddag, 15.50 uur. De meisjes komen binnen gestommeld. 'Handjes wassen!' luidt het motto na schooltijd – al langer dan tien maanden. Flink wat zeep, schuimen, afspoelen, en klaar. Ik zit in mijn roze jogging in de zetel. Vandaag is de dag waar we al maanden naar uitkijken. Gabriel is thuis. Mama is thuis. Nieuwsgierig komen Philippa en Romée dichterbij. Het is de eerste keer dat ze hun broertje zien, ruim acht weken na zijn geboorte. Ik kan me bijna voorstellen hoeveel vlinders zij in hun buik moeten voelen, want ik denk dat ik dezelfde zwerm voel fladderen.

Dat Gabriel naar huis zou komen, stond nagenoeg vast. Hij was er klaar voor. Zodra hij de grens van 2,2-2,4 kilo haalde én hij zijn flesje zelfstandig kon drinken, was hij good to go. Alleen was het even spannend of ik wel mee mocht. Hoge ontstekingswaarden gooiden bijna roet in het eten. De misselijkheid waardoor ik drie weken lang geen hap door mijn keel kreeg, zorgde ervoor dat ik compleet verzwakte. Het bleef spannend tot op het laatste moment. Vanochtend werd ik nog eens binnenstebuiten gekeerd en mocht ik beschikken. Eindelijk. We wilden de meisjes niet teleurstellen, en dus werden ze pas last minute warm gemaakt voor de thuiskomst van mama en hun broertje. Die dag op school vertelden ze honderduit in hun kleuterklasje over broer die ze straks zouden ontmoeten. Waar het hart van vol is…

Maandagnamiddag, 15.55 uur. De meisjes komen met grote ogen dichterbij. Ze bekijken hun broertje op veilige afstand. Romée laat al gauw luid en duidelijk weten dat ze broer héél graag wil vasthouden. Philippa geeft met een zachte stem hetzelfde te kennen. We helpen hen één voor één in de juiste positie om Gabriel in hun armen te sluiten. Philippa helpt met het geven van de fles, als grootste grote zus. Romée aait de mini vingertjes van haar broer vol overgave. Voor Gabriel is het de eerste keer dat hij door kleine handen gedragen wordt. Hij laat het gebeuren, zonder morren. Ik heb mijn meiden in lange tijd niet meer zo zien glimlachen. Ze stralen van geluk, ze blinken van trots. 'Hij is precies een popje', zegt Philippa, terwijl ze Gabriels gezichtje nauwkeurig bekijkt. En ze heeft gelijk. Hij is volmaakt. Helemaal perfect. Een gaaf babyvelletje, zachte volle lippen en veel donkere haartjes. Mijn hart klopt zichtbaar buiten mijn lichaam.

Er is zoveel gebeurd de voorbije maanden. Ik ben van zo ver gekomen, en ik heb nog een hele weg te gaan. Maar nu, op dit eigenste moment, ben ik thuis met mijn drie kinderen. Ik voel mij de gelukkigste mama van de wereld. Mijn man aanschouwt het tafereel vanuit de keuken en ik lees zijn ogen. Daarin staat liefde geschreven. Een lichte bezorgdheid ook, om mijn comfort in de zetel. Maar ik kijk hem aan met een blik die meer zegt dan duizend woorden. Steffens schouders ontspannen, en ook hij glimlacht. Het is de eerste dag van ons leven met z'n vijven. Samen.

Gabriel

Steffen

Ti amo
In sogno, ti amo
In aria, ti amo
Se viene testa vuol dire che
basta lasciamoci

Ti amo
Io sono, ti amo
In fondo un uomo
Che non ha freddo nel cuore e nel letto,
comando io
Ma tremo davanti al tuo seno
Ti odio e ti amo
È una farfalla che muore sbattendo le ali

- Umberto Tozzi

Open | Search | Scan
www.lannoo.be/lara-playlist

Mijn beer

Hij en ik. Ik en hij. Everywhere. Jonge kuikens waren we, acht jaar geleden. Onbevangen en onbezonnen. Mijn hart bevatte hoogstens wat schrammen en een stevige deuk. Dat van hem was – toen al – zo klein als vandaag, in vergelijking met zijn robuuste buitenkant. Hij maakte mij het hof. Op zijn manier. Ik maakte het hem niet gemakkelijk. Op mijn manier. En toen hij rechtsomkeer wilde maken, klampte ik me vast aan die sterke rug van hem. Ik zou deze man niet laten gaan. Zonder dat ik had lopen zoeken, wist ik dat hij alles was wat ik zocht. Hij zou de vader van mijn kinderen worden. Ik ben te rationeel om de woorden 'liefde op het eerste gezicht' in de mond te nemen. Ik zou eerder spreken over 'interesse van bij de eerste oogopslag'.

De vonk sloeg over tussen pot en pint. Steffen werkte af en toe in mijn stamcafé. Ik diende er geregeld op, op de bovenverdieping. Hij tapte er biertjes en moppen aan de lopende band, en ik was verkocht. Een halfjaar na onze eerste kus trok hij bij me in, in Leuven. We namen het vuur tussen ons mee over de grenzen heen. La bella Italia lonkte. De vakantie van ons leven werd het. Urenlang in de zon zitten, veel te veel wijn drinken, pittoreske dorpjes bezoeken, en zoveel pasta eten dat de weegschaal twee weken later vijf kilo extra aangaf. Onderweg zongen we luidkeels mee met de nummers op een inderhaast samengestelde USB vol vakantiemuziek. Ti Amo werd ons lijflied. Uit volle borst werd er geleefd. We voelden de verliefdheid tot in de punten van onze tenen.

De passie laaide hoog op, en soms kletterde het ook. Twee eigenzinnige, koppige rammen zijn we samen. Maar wanneer er vuurwerk is, wordt dat ook steeds geblust voor het slapengaan. Dat deden we toen, en dat doen we nog altijd, drie kinderen later. Praten, dat kunnen we. Stil zijn ook. Er is heel wat afgebabbeld de voorbije maanden. Over hoe het was, hoe het is en hoe het zal zijn. We hebben altijd geleefd in het nu. We hebben veel minder met de verleden en de toekomstige tijd. Genieten, dat doe je vandáág. Ik geloof dat daar mijn kracht schuilt, onze kracht. Om niet te blijven hangen in gisteren of vooruit te kijken naar morgen. De dag te plukken zoals hij komt. Soms is hij stralend, en soms is hij grauw. En voor het slapengaan snauwen we, bulderen we, lachen we, en kussen we.

Sinds de hemel op ons hoofd viel, sinds de diagnose, zijn we onafscheidelijk geweest. Hij droeg me tot aan de maan en terug. En toch mis ik hem. Ik mis onze oude ons. Maar we vinden wel een nieuwe ons. Daar ben ik van overtuigd. En komende zomer rijden we weer richting Toscane. Niet met zijn tweeën, niet met zijn vieren, maar met zijn vijven. Dan herinner ik me weer onze eerste reis samen, terwijl we langgerekte landschappen doorklieven. Dan brullen we opnieuw mee met onze Italiaanse playlist, en kijk ik Steffen recht in de ogen wanneer ik zing: 'Ricordi chi sono, ti aaaamo.'

Steffen. Man van Lara. Papa van Philippa, Romée en Gabriel. Held. Beer. Vivi. Beun. Beuntje. Insta-hubby tegen wil en dank. De man van mijn leven. Mijn rots, in goede en slechte dagen. Niet de man die veel en vrijuit zal spreken. Wel de man die alles in stilte draagt. En wanneer hij iets zegt, dan wil ik dat zwart-op-wit hebben. Hij wikt zijn woorden niet. Maar daar vraagt dit boek, noch ons verhaal om. Ine die interviewt, mijn man die vertelt. Ik die achteraf alles lees, met tranen in de ogen.

Ine: Steffen, ik begin met een vraag die je de afgelopen tijd wellicht al veel gesteld kreeg, maar misschien niet altijd eerlijk hebt beantwoord. Hoe gaat het?

Steffen: Zucht. Ja... Wat moet ik daarop antwoorden. Over het algemeen niet zo goed. Ik heb me al beter gevoeld in mijn leven, dat kan ik je vertellen. Soms zijn er betere momenten. Voelt Lara zich goed, dan voel ik me beter, en andersom ook. Als Lara thuis is, dan herleef ik. De dagen en nachten die zij in het ziekenhuis doorbrengt, zijn ook voor mij tergend. Als zij eenzaam is, dan ben ik eenzaam. Mijn gedachten zijn altijd bij haar. Wanneer de kinderen slapen, en het huis is stil, dan zit ik soms aan de keukentafel met mijn hoofd in mijn handen. Dan staar ik voor me uit. Dan laat ik de tranen toe. Als ik alleen ben. Wanneer ik denk aan wat ons overkomt, dan vervloek ik de wereld. Maar als ik onze kinderen zie, dan weet ik dat ik die gedachten moet verjagen. Ik moet voor hen zorgen, ik moet er zijn. Voor hen, en voor Lara.

I: Is er iemand die je in vertrouwen kan nemen om je hart te luchten?

S: Ik vind het heel moeilijk om te praten met vrienden of familie over wat er in mijn hoofd omgaat. Niemand weet wat ik meemaak, niemand voelt wat ik voel. Ik wens het hen niet toe – begrijp me niet verkeerd – want het is verschrikkelijk. Als ik met iemand babbel, dan kan die persoon zich heel even inleven, en vervolgens gaat hij verder met zijn leven. Dat is normaal, maar ik heb het daar moeilijk mee. Als ons gesprek gedaan is, ga je ook naar jouw gelukkig gezin terug en ben je ons vergeten. Ik sta ermee op, ik ga ermee slapen. Ik poets mijn tanden, ik kleed de kinderen aan, ik breng ze naar school. Het enige waaraan ik kan denken is mijn vrouw. Zeker wanneer we gescheiden zijn van elkaar. Ik ben geen emotionele mens, maar er gaat zoveel in mijn hoofd om, dat kan je je niet voorstellen. Ik praat alleen met de psycholoog van Gasthuisberg.

I: Kan je vertellen wat Lara voor jou betekent?

S: Wat Lara voor mij betekent...

Je hoort weleens zeggen: 'Dat is de vrouw van mijn leven.' Ik kan dat niet over Lara zeggen. Ik zou haar tekortschieten als dat het enige was waarmee ik haar zou omschrijven. De uitspraak is te vluchtig. Het zéggen is te min. Het is iets dat je doét, een leven lang. Je toont het door elkaar trouw te zijn. Door er te zijn, dag in dag uit. In goede en in slechte dagen.

Ik weet dat Lara het wél zegt over mij, dat ik 'de man van haar leven' ben. Voor mij is die formulering te hip. Ik ben 'van den ouwe stempel'. Lara en ik, wij zijn een goed

team. Onze verschillen vullen elkaar naadloos aan en onze gelijkenissen zijn van die aard dat we perfect kunnen samenleven. We zijn soms tegenpolen, maar we zijn wel even uitbundig als we iets gedronken hebben.

Lara is mijn vrouw, mijn beste vriend, mijn alles. Lara is mijn kracht, en niet alleen van mij. Ook die van Philippa, die qua karakter het meest op mij lijkt. Lara geeft ons de kracht om de wereld aan te kunnen. Zij begrijpt ons, ze voelt ons aan, ze geeft ons rust. Zij zorgt ervoor dat we staan waar wij staan. Lara zorgt ervoor dat dat complexe molentje in onze hoofden af en toe kan stoppen met draaien. Of minstens iets langzamer gaat draaien.

Lara is extravert, ik ben introvert. Ze is een spraakwaterval, ik ben dat eerder niet. Ik heb mij altijd alleen gevoeld, tot ik haar leerde kennen. Met haar kan ik praten over de kleine en grote dingen des levens. Ze luistert, ze graaft dieper, ze stelt de juiste vragen. Ze begrijpt mij, ook omdat we ongeveer dezelfde achtergrond hebben.
Als ik kon, zou ik meteen haar plaats innemen. Als ik kon, nam ik die ziekte van haar over. Lara is een betere mama dan ik een papa. Ik heb mijn capaciteiten als vader, maar Lara kan de juiste waarden en normen moeiteloos bijbrengen. Ze staat zó goed, zó positief in het leven. Ze zou het perfect kunnen zonder mij. Met twee vingers in de neus. Zo is ze.

Mijn respect voor Lara is eindeloos. Ik zeg het misschien te weinig, maar ik denk wel dat ze het weet. Ik ben eeuwig dankbaar dat zij op mijn pad is gekomen. Als je me vraagt of Lara dan per definitie de vrouw van mijn leven is, dan is het antwoord volmondig JA. En zoveel meer dan dat.

I: Wat was voor jou het kantelpunt?

S: Het eerste gesprek met de gynaecoloog in het ziekenhuis van Heusden, toen we de uitslag van de NIPT-test gingen bespreken en nog dachten dat er iets met ons kindje was. Het gesprek op 9 oktober 2020 was een tweede dieptepunt. Horen dat mijn vrouw niet meer zou genezen, dat was… hard. Ik probeerde mezelf iedere keer nieuwe moed te geven, 'de bestralingen komen er nog aan in combinatie met de chemo – goed, goed, goed'. Als Lara minder pijn ervaarde, dan dacht ik: 'Oké, haar lichaam is zichzelf aan het herstellen.' Eigenlijk zijn wij al een tijdlang aan het overleven. Dit is geen leven he… Ik stel mij 's ochtends de vraag hoe ik de dag ga doorkomen. Ik zorg ervoor dat Lara alles heeft terwijl ze in het bed in de woonkamer ligt. Ik zorg dat de kinderen alles hebben om naar school te vertrekken. En dan is het overleven tot de avond.

I: Welke was de mooiste dag sinds augustus 2020?

S: De avond dat we terugkeerden van het ziekenhuis in Heusden. De kanker was nog niet vastgesteld. Er was 50% kans dat de bevindingen uit de NIPT-test op niets wezen. Ik heb toen een fles gin leeggedronken op twee-drie uur tijd. Die is er ook integraal weer uitgekomen op een kwartiertje tijd. We hebben toen buiten in de tuin gezeten en fijn gebabbeld over hoe wij zijn, over vroeger en nu. We hadden het over onnozeliteiten en over serieuze dingen. We hebben die avond gedronken, gegeten en gelachen.

I: Waar kan je boos van worden?

S: Van onwetendheid. Dat mensen soms denken dat Lara moe is omdat ze een slechte nacht heeft gehad. Dat Lara soms de hele dag slaapt omdat ze aan het recupereren is van de chemo. Dan denk ik: 'NEE mens, die heeft gewoon kanker. Ze is niet moe omdat ze slecht geslapen heeft. Ze is moe omdat ze vijfendertig kankers in haar lijf heeft en die zuigen haar energie weg. Kanker vreet je van binnenuit leeg, om zelf te kunnen groeien.' Ik word er ook zo boos van dat Lara constant pijn heeft. Door de bestralingen zou ze nu echt minder pijn moeten hebben, maar toch blijft het iedere dag een gevecht. Als je de scans ziet van dat ding, van de tumor… Dat zijn echt drie sinaasappels die daar gewoon zitten he. Van Lara's linkerbekken schiet niet veel meer over, dat is daar gewoon ingegroeid.

Ik kan ook boos worden van de huidige coronaregels, al weet ik dat ze gemaakt zijn om besmetting tegen te gaan binnen de ziekenhuismuren. In de bijna twee weken dat Lara in april in het ziekenhuis verbleef, heb ik haar twee keer een uur mogen bezoeken. Op dagen waar ze de hele dag slaapt, verward is van de medicatie en van te weinig witte en rode bloedcellen en bloedplaatjes in haar bloed, is het afschuwelijk om thuis te zitten wachten op nieuws. Ik belde toen vier keer per dag met de dokters om te horen hoe het met haar ging, om de laatste nieuwe resultaten van haar bloed op te volgen… Heel af en toe kreeg ik een WhatsApp bericht van haar of spraken we twee woorden aan de telefoon. Eigenlijk is dat crimineel.

Doodgewone dagen

De totaliteit van het leven bestaat uit een aaneenschakeling van gewone dagen. De gewone dingen zijn voor mij niet meer gewoon: slapen in mijn eigen bed, onze kinderen in bed stoppen, douchen, het huishouden doen. Alle grote dagen zitten in dit boek, maar even waardevol zijn de doodgewone dagen.

De dagen waarop Romée haar boterham met choco aan het tafeltje naast mijn bed opeet. De dagen waarop Philippa vol trots haar nieuwe huisdieren (gevangen pissebedden uit de tuin) komt laten zien. De dagen waarop ik met Gabriel op mijn borst een dutje doe, en hij ook. De dagen waarop ik alles en iedereen vervloek omdat ik helse pijnen doorsta terwijl de kinderen knutselen aan de keukentafel. De dagen die ooit zo normaal leken, maar nu allesbehalve normaal aanvoelen.

Nadat we op 1 februari 2021 waren thuisgekomen, wachtte ons de uitdaging van ons leven. Zorgen voor drie kinderen. Zorgen voor onszelf. Steffen maakte in de laatste week dat ik in het ziekenhuis verbleef een summiere planning op. Ik werd er gek van, want het confronteerde me met het feit dat ik vroeger alles kon, en nu niks. Maar ik had geen keuze.

Er zou iedere dag iemand, samen met hem, aanwezig zijn in ons huis. Ik kon niks, dus ik knikte en liet het gebeuren. We zouden het week na week evalueren. De hulp van onze naaste familie, vriendenkring, kraamhulp en schoonmaakster bleek onwaarschijnlijk waardevol. Overdag hadden we hulp van 's ochtends vroeg tot wanneer de meisjes naar bed gingen. Daar ben ik mijn ouders, schoonouders en (schoon)broers en -zussen ontzettend dankbaar om. Onze kinderen zijn thuis bij hen, en zij bij ons.

Gabriel sliep de eerste drie weken onder ons dak, dicht bij mij, in zijn rieten wieg naast mijn ziekenhuisbed in de woonkamer. Het was loodzwaar, maar we wilden het zo graag. Wanneer Gabriel 's nachts wakker werd om te huilen, of om te zeuren, dan deed ik wat ik kon. Ik troostte, ik streelde, ik suste. Wanneer hij een flesje wilde, riep ik Steffen naar beneden. Hij sliep met Philippa in ons bed op de eerste verdieping. Soms sukkelde ik zelf uit bed, want ik kon het ook zélf. Ik reed dan met de rolstoel naar de koelkast, vulde een flesje met water, zette het in de fles warmer, en schudde het poeder erdoorheen tot een smakelijk papje voor Gabriel.

Mijn wallen reikten bijna tot aan mijn knieën en ook Steffen reed in reservestand. We vroegen mijn broer Gertjan en schoonzus Laurence (Lo) of Gabriel een weekend bij hen kon overnachten.

Mijn zonneke,

Wanneer ik zie hoe jij door het leven gaat, dan herken ik mezelf in jou. Hoe je omgaat met bepaalde situaties, en hoe snel je ook weer iets vergeten bent. Of hoe je, net als ik, de ernst vaak niet inziet van de realiteit.

Je kamt mijn haren graag, maar als je iets te hard trekt, vliegt de pruik van mijn hoofd. Dan lachen we samen, en begin jij snel weer al giechelend opnieuw met stylen.

Je bent van het zorgzame type, altijd in de weer om tutjes en speelgoedjes voor Gabriel te voorzien. Het dokterstasje is je vaste accessoire. Even mama verzorgen, een pijntje wegkussen, een pleister plakken. Het zou me niets verbazen mocht jij later kleuterjuf, dokter of verpleegster worden.

Lieve Romée, jij bent van bij het ochtendgloren goedgehumeurd, sinds de dag dat ik je ken. Je hebt geen tijd nodig om wakker te worden, je begint onmiddellijk aan je dag. Het liefste wat je doet is dansen, steppen en kleuren. En een bordje pasta kan er altijd wel in.

Blijf je goedlachse zelve, lieve schat, blijf het zonnetje in ieders leven!

Liefs
Mama ♥

Hiep hiep hoera

Ik zie hoe Romée haar tanden bloot lacht en trots grijnst naar de drie kaarsjes bovenop haar donut. In één ruk uitgeblazen. Ik kijk naar het spleetje tussen haar melktanden waar ik zo van hou. Mijn eeuwige baby is drie geworden. Ik knipperde met mijn ogen en het was zover. Voor de derde keer jarig. Ik kan het niet goed vatten, hoe groot ze is geworden. Het verbaast me hoeveel ze al zelf kan. Iedere dag opnieuw worstel ik ermee dat ik mijn schattige knuffelpopje stukje bij beetje moet loslaten.

Controle afgeven is het moeilijkste dat er is voor mij, en de aanloop naar Romées verjaardag was opnieuw een stevige oefening hierin. Ook al ben ik ziek, ik wil dat mijn meiden even hard gevierd worden als andere jaren. Er mag voor hen geen verschil zijn omdat ik vecht tegen kanker. Dat vergt alleen net iets meer planning dan anders. Ik ben normaal zo'n mama die verschillende winkels afrijdt en iedere feestwebshop afstruint (en plundert) om vervolgens op de valreep de woonkamer om te toveren tot een waar verjaardagsfestijn. Deze keer kon ik zelf geen ballonnen opblazen, taarten bakken, (droog)bloemenschikken en matching outfits klaarleggen.

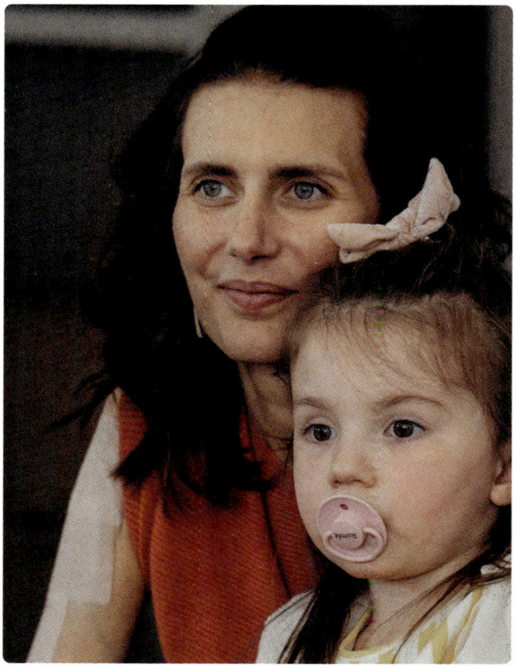

Ik moest loslaten dat ik niet alles in eigen handen kon nemen. Ik baalde als een stekker, maar maakte samen met onze kraamhulp Marissa een lijstje voor het miniverjaardagsfeestje van Romée. Marissa kwam thuis met een gigantisch grote folieballon met het cijfer drie. Ze vulde onze koelkast met prosecco en hapjes. Ze blies ballonnen op aan de lopende band. Ik reeg ze aan elkaar vanuit mijn ziekenhuisbed in de woonkamer, en zij hing de ballonslinger op aan de muur. Langzaam maar zeker zag de woonkamer eruit zoals het thema dat onze jarige had uitgekozen. De Bambi-taart werd aan huis geleverd.

We spraken een beurtrol af met onze familieleden. De koffiebonen en de theezakjes lagen klaar om hen van een warme mok te voorzien tijdens hun feestelijk raambezoekje. Zo passeerde de peter van Romée voor een lekker pistoletje, smulde een deel van de familie van een stuk taart en kwam een ander deel happen van een pizzapunt. Er werd luidkeels gezongen en Romée genoot zichtbaar van de versnipperde aandacht. Ik zag haar stralen, my little sunshine. Haar verjaardagsfeestje was er één uit de duizend. Toen ze drie dagen eerder op de ochtend van haar verjaardag drie kaarsen bovenop haar donut uitblies, was dat vast een van haar wensen. Ik hoop vurig dat de andere twee ook zullen uitkomen.

Wij vierden drie jaar Romée. Terwijl ik nagelbijtend de resultaten van de scans afwacht, zit ik al dagen met de melodie van Lang zal ze leven in mijn hoofd. Dat is mijn hartenwens.

Lichtpuntjes by Lara

* De kinderen zien spelen vanuit mijn bed
* Philippa die bij papa op schoot ligt
* Romée die mijn (valse) haren kamt
* Gabriels eerste groentepapje geven
* Hippe mutsjes voor mijn kale hoofd
* Met vijf thuis zijn, SAMEN.
* Nog een keer een lekkere maaltijd op tafel toveren (en iedereen zien smullen)
* Urenlang kletsen (en ongestoord roddelen) met een vriendin
* Philippa die mama zo goed helpt
* De zon die door het raam naar binnen schijnt
* Sushi/tapas eten met de vriendinnen
* Gabriel die vertroeteld wordt door zijn zussen
* Me opmaken en op de foto staan (en blij zijn met het resultaat)
* Weten dat de kinderen de tijd van hun leven hebben, iedere woensdag bij Peetie en Tantie
* Ine die mijn voeten masseert
* Hard lachen met een mop van Steffen
* De onvoorwaardelijke liefde en hulp van onze (schoon)ouders
* Een frambozentaartje verorberen en bij iedere hap de pijn ietwat voelen wegebben
* 'Cinema-avonden' in onze woonkamer met de meisjes
* Ine die voorleest uit mijn boek
* Gevraagd worden als meter van mijn broer zijn eerste kind

Ik word meter

Hij vertelde het in december, op een gitzwarte avond in Gasthuisberg. Dat hij graag een kindje wilde, samen met zijn ravissante vriendin Laurence. Zijn woorden zorgden voor een lichtpuntje in de donkere wolken boven mijn hoofd. Enkele weken geleden verrasten ze me met het goede nieuws – er is een baby op komst. Ze verrasten me nóg meer toen ze me een belangrijke vraag stelden. Of ik meter wilde worden van hun eerste kindje? Ik was sprakeloos – en dat gebeurt niet veel. Woorden schoten tekort, en terwijl mijn ogen zich vulden met tranen fluisterde ik 'ja'.

Stiekem is het een vraag waar ik al tien jaar van droom: andermans kind kunnen vertroetelen en platknuffelen zonder te moeten stilstaan bij de opvoedkundige gevolgen. Wanneer ik zie hoe mijn broer en schoonzus onze drie kinderen bemoederen als waren het hun bloedeigen kids, dan smelt ik. Dan wil ik dat ook. Gertjan en Lo gaven me meteen een eerste bijzondere taak als meter. Ik kreeg de eer om vóór hen de resultaten van NIPT-test te bekijken. Ik mocht ontdekken of hun kindje, naast gezond en wel, een jongen of een meisje zal worden. Wederom was ik sprakeloos.

Bij de zwangerschap van Gabriel heb ik dit niet kunnen meemaken. Na de bloedafname voor de NIPT-test kreeg ik het bericht dat er verstoord DNA bij mezelf was teruggevonden. Wij konden niet juichen bij de info over de gezondheid die ook het geslacht van ons kindje bevatte. Wij kregen te horen dat ik kanker had. Deze unieke kans, die ik met beide handen nam, zou mijn gemis voor een stuk helen. Boy or girl – de uitslag zou bekendgemaakt worden tijdens een minigenderrevealparty. Alleen ik ontdekte twee weken vooraf of er taart met een blauwe vulling zou zijn, of met een

roze binnenkant. Alleen ik wist welke kleur de rookpluim zou hebben van de rookbom waarmee mijn schoonzus zou ontdekken wie er zich in haar buik schuilhoudt.

Ik bestelde ballonnen, kocht online cadeautjes en zorgde dat de babyshower alles was wat het moest zijn. Ik voelde me in mijn nopjes, zo langs het ziek zijn om. Ik organiseer graag feestjes. Een dag vooraf werd een veelheid aan decoratiemateriaal geleverd, in elkaar gezet en opgeblazen. Mijn hulptroepen stonden paraat. Vriendinnen van mijn schoonzus kwamen alles ophalen. Alles zou aanwezig zijn en klaarstaan op het moment dat Gertjan en Lo in de tuin verrast zouden worden met het geslacht van hun eigen kindje. Ik wenste al de hele week stilletjes dat ik erbij kon zijn. Ik wilde niets liever dan het geluk van de gezichten van mijn broer en zijn vriendin te zien afstralen bij het afsteken van de rookbom.

De ochtend van de genderrevealparty voelde ik me voldoende goed. Ik kamde mijn valse haren, trok een zomerse outfit aan, zette een grote zonnebril op en klaar was ik. Klaar om met mijn oudste dochter te vertrekken richting een minituinfeestje in Averbode. Klaar om het geheim dat ik al twee weken met mijn leven bewaarde, te delen met de ouders van mijn metekindje. Een luide knal weerklonk, gevolgd door een schelle gil (mijn schoonzus) en een korte brul (mijn broer). Ik juichte, luidkeels. It's a boy! Ik word meter, en dat is nu al het allerbeste nieuws van 2021.

Dag klein bosbesje,
dag liefste metekindje van me,

Jouw mama en papa stelden me onlangs een superbelangrijke vraag. Zo eentje die niet iedereen krijgt maar waar iedereen wel stiekem naar uitkijkt. Ze vroegen of ik je 'meter' zou willen worden. Woorden schoten me op dat moment tekort want dit is een vraag waar ik al 10 jaar van droom.

TUURLIJK wil ik je meter zijn en oh wat ga ik je verwennen, plezieren, plattenuffelen en graag zien zoals mijn eigen kinderen. Als kers op de taart mocht ik de resultaten van de NIPT-test als eerste zien. Zo loop ik al een weekje rond met een geheimpje. Ik gok dat je een meisje zal zijn maar hoop op een jongen. Zo kan je het speelkameraadje van Gabriel zijn. Maar uiteindelijk is gezondheid alles en maakt het niet uit.

Je zal opgroeien in een enorm warm gezin van mijn broer Gertjan en zijn vriendin Laurence, ofwel pepe en tante Lo genaamd.

Ik wens je in eerste instantie een goede gezondheid, veel speelplezier met je nichtjes en neven. Daarnaast hoop ik dat je de looks en de goedheid hebt van je mama, de humor en behulpzaamheid van je papa en het gevoel van geluk van je meter.

Weet dat je altijd bij mij terechtkan; niet alleen voor liefdesvragen maar ook voor de wat serieuzere keuzes in het leven. En last but not least: altijd met je **TEDDY** gaan shoppen. Ik neem je heel graag mee!

Liefs, je Teddy

Vastberaden

Ziek zijn en er goed uitzien. Dat zijn twee dingen die wat moeilijker samen lijken te gaan. Wanneer je kanker hebt, zie je er maar al te vaak mager, grauw en oververmoeid uit. Ik ben dat allemaal, geloof me vrij. En toch doe ik moeite om er op mijn best uit te zien. Een beetje voor Steffen, een beetje voor de kinderen, en bovenal voor mezelf. 'Je ziet er goed uit, ben je genezen?', is een vraag die de afgelopen weken vaak werd gesteld. Wel, nee. Ik wilde dat het antwoord 'Ja, hoera!' was, maar in werkelijkheid bevind ik mij in de twilight zone tussen twee behandelingen in. Er zijn dagen dat ik me voel alsof ik de wereld aankan. Die toon ik dan ook graag. Liever dan beelden vanuit het ziekenhuisbed in de woonkamer waarin ik 90 procent van mijn tijd doorbreng.

Diepe zwarte wallen onder de ogen versus een vleugje make-up om iets frisser voor de dag te komen. Ongewassen haren versus een volle mom bun bovenop mijn hoofd. Een comfortabele pyjama versus een glamoureuze outfit voor in de rolstoel. Ik schipper tussen de twee.

De waarheid die ik op Instagram deel is maar een fractie van hoe het dagelijkse leven er uitziet. Maar is dat niet vaak zo? De waarheid is dat de chemo en de bestralingen niet in mijn koude kleren gekropen zijn. Ik herstel daarnaast nog van een zwangerschap én een bevalling. Ik koester fijne momenten met mijn meisjes en met Gabriel, en die leg ik vast om te delen met de wereld. Tussen deze momenten van geluk zitten momenten die ik niet laat zien. Wie goed kijkt, ziet dat mijn selfies meestal gemaakt zijn tussen de kussens. Maar de momenten die ik in de rolstoel doorbreng om te knutselen met mijn dochters, die post ik zeker in mijn feed. Want daar trek ik me aan op. Ik zie er af en toe gezond uit, althans vanuit de juiste hoek. En soms met de juiste filter eroverheen.

Ik hoop langzaam maar zeker (baby steps!) weer richting die realiteit te gaan. Voor nu maak ik het beste van iedere dag. Ik probeer terug op kracht te komen, al blijft dat voorlopig een heikel punt. Sommige dagen kan ik goed eten, andere dagen kan mijn lichaam amper voedsel verdragen. Vandaag weeg ik minder dan toen ik op mijn zeventiende richting Parijs trok voor modellenwerk. Voor het eerst in mijn leven probeer ik 'aan te vetten' voor mijn zomerlichaam. Wanneer iemand me vraagt hoe het gaat, dan kan ik daarop eerlijk antwoorden: 'Goed.' Ik ben thuis. Ik heb weer menselijk contact, hetzij op afstand. Ik zie mijn dochters binnen en buiten fladderen. Ik kan mijn zoon een schone luier omdoen en hem aankleden op onze eettafel. Dat is al heel wat. Ik heb niks om over te zeuren, en dus wil ik dat niet doen. En wanneer ik in de spiegel kijk, dan zie ik een vastberaden blik. Ik ben mager, oververmoeid en ik zie er grauw uit. Maar ik smeer wat extra blush en ik zoek de juiste hoek voor een foto met mijn pasgeborene. Ik ben ziek en ik zie er goed uit, en dat kan prima naast elkaar bestaan.

16 MAART 2021

Gisteren waren Philippa en Romée samen met de Barbies aan het spelen.
P zegt spelend dat mama en papa gaan werken.
Romée: 'Nee zus, mama's werken niet.'
Philippa lacht en zegt: 'Tuurlijk werken mama's wel.'
Romée: 'Nee, mama's zijn ziek.'

Mijn hart brak in 1000 stukken en ik moest mijn tranen bedwingen. 💔 Opgroeien met een zieke mama. Iets wat ik verschrikkelijk vind voor hen. Al bloeien en groeien ze uit tot pracht meisjes en zijn ze heel gelukkig sinds ik thuis ben. Het maakt me toch heel verdrietig.

Roze bril

Het leven door een roze bril. Misschien typeert mij dat nog het meest. Een immer positieve blik op de wereld. In mijn jongere jaren heb ik sterk overwogen een tattoo te laten zetten met als opschrift fairytale. De eerste barst in het sprookje van mijn leven kwam er nadat mijn mama de diagnose ALS had gekregen. En sinds afgelopen zomer zit ook mijn eigen gezondheid maar niet mee. Toch word ik iedere dag wakker met frisse moed. Kijk ik met veel liefde naar mijn kinderen en mijn man. Ik ben een pro in het negeren van lelijkheid. Dat is altijd zo geweest. Maar nu de datum voor de eerstvolgende check-up nadert, merk ik dat het me ontzettend veel moeite kost om positief te denken. Ik kan naar Steffen en de kinderen kijken en in huilen uitbarsten. Alsof het mijn laatste levende dag is. En dan sluipt het besef ongewenst binnen: ik ben zo bang.

De laatste uitslag voor ik naar huis mocht voor twee maanden was positief. Daar heb ik me voorlopig aan vastgehouden. Het optimisme kwam de voorbije weken op de eerste plaats, maar de stress neemt langzamerhand over. Ik ben bang. Bang dat ik weer opgenomen moet worden. Bang dat ik te zwak ben om voor mezelf te zorgen. Bang voor chemo, want ik heb geen enkele reserve meer. Bang voor de dood. Toen ik in de ratrace zat van de behandelingen in het ziekenhuis, dacht ik minder na. Ik werd er geleefd, mijn dag was in vastgezette schema's gegoten. Nu komt de stress plots met hoge pieken terug. De pijn in mijn been stijgt recht evenredig.

Stress is een vies beestje. Het kruipt onder mijn vel en heeft een rechtstreekse impact op mijn lijf. Het vindt zijn weg naar mijn hoofd en dat doet me huiveren. Alle doemscenario's zijn al in me opgekomen. Wat als de behandeling niet aanslaat? Wat als het erger is geworden? Wat als de grote tumor nieuwe uitzaaiingen heeft veroorzaakt? Heb ik dan nog even? Hoe lang is nog even? Hoe harder ik probeer niet te denken aan de resultaten van de scan, hoe harder mijn gedachten op hol slaan. Mijn lichaam neemt het van de ratio over. En voor iemand die het leven van nature rooskleurig ziet, is dat een verschrikkelijke gewaarwording. Ik word met beide voeten keihard op de grond getrokken. Mijn angsten spreek ik niet te vaak uit tegen mijn man en mijn ouders, want ik weet dat zij door hetzelfde gaan als ik. De onwetendheid is moordend, ook voor hen. Wat de uitslag ook is, een antwoord is altijd beter dan gissen.

Niet weten waaraan en waaraf maakt me kwetsbaar. Wanneer we weten waartegen we vechten, staan we sterker in onze schoenen. Met een doel voor ogen kunnen we in de verdediging gaan. Ik probeer mijn gedachten te verzetten, zoveel mogelijk. Ik smijt mij 's avonds, zodra de kinderen slapen, op Netflix. Dan ben ik afgeleid. Ik probeer kleine beetjes te eten, om aan te sterken. De vechtlust is er, nu nog even mijn grote roze zonnebril weer opzetten.

De oude Lara

In de weken die volgen, blijf ik dicht bij mijn kinderen, bij mijn man, dicht bij huis. Steffen begint in mei terug vier vijfde te werken en zo pikken wij langzaam ons leven weer op. Onze wekelijkse date bestaat uit een ritje naar Leuven, voor chemo op donderdag. Terwijl de kinderen op school zitten en Gabriel op de crèche, plan ik lunch dates met vriendinnen en familie in. Ik ga shoppen met mijn papa, dichtbij en iets verder weg. Het ziet er anders uit dan voorheen, maar ik probeer de lichtpuntjes te blijven zien.

Talrijk zijn ook de dagen wanneer de pijn me ervan weerhoudt om uit bed te komen. De pijn die de tumor in mijn bekken veroorzaakt, tart alle verbeelding. En toch zijn er dagen dat ik me ertoe kan bewegen om me op te maken, me te hullen in één van mijn nieuwe ensembles. Ik houd die kortstondige momenten vast. Ik zet ze op beeld en stuur ze de wereld in. Ik kan af en toe nog doen wat ik, al zo lang ik me kan herinneren, graag doe: voor de camera staan. Glimlachen ondanks de pijn. Trots zijn op mezelf ondanks de blikken van mensen.

Strike a pose, Lara.

Op het einde van de dag vrolijkt het me op om de best mogelijke versie van mijn huidige zelve te zien. Ook al toon ik niet dat er achter elk beeld een verhaal propvol miserie schuilt. Achter elk beeld zitten helpende handen. Maar vooral: achter ieder beeld schuilt wilskracht. De wil om Lara te zijn, ook al ben ik een groot stuk kwijt. Gaat het daarom goed met mij? Neen. Maar ik voel me daardoor af en toe niet 'de zieke Lara', maar wel 'de oude Lara'.

Ik fleur op van lieve reacties op mijn Instagram posts. Ieder bemoedigend woord zorgt ervoor dat ik mijn kin net iets hoger houd op slechte dagen. En die zijn er steeds vaker. Elke opmerking over mijn gewichtsverlies geeft me een dreun. Elke nood die sommigen voelen om me met de neus op de feiten te drukken, raken me. Dan verstop ik de tranen achter grote (zonnebril)glazen.

De aftakeling is reëel. Ik heb niemand nodig om me dat te vertellen. Elke goedbedoelde, bezorgde opmerking in mail of bericht, is een stomp in mijn maag. Ik weet dat ik mager ben. Ik weeg zevenveertig kilo. Ik ben een meter drieëntachtig.

Ik besef dat ik, door mijn verhaal te delen met de wereld, een publiek figuur ben geworden. En toch treft het me, hoe meningen ongevraagd worden gedeeld. Het treft me dat mijn buitenkant het onderwerp is van zovele reacties of gedachten. Het gevecht dat ik iedere dag lever om een hap door mijn keel te krijgen, terwijl de chemo al mijn smaak heeft ontnomen, wil ik niet tonen in mijn feed. Instagram is mijn vlucht uit de echte wereld.

Ik ben moe van de chemo, van de kanker, van de pijn. Ons leven wordt beheerst door mijn ziekte en door voeding. Ik sta op met de gedachte aan eten, ik val in slaap met het idee dat ik nog niet genoeg binnen heb. Ik word meermaals per dag gewekt door Steffen om te eten.

Ik zie af, maar ik post vaak wat anders. Ik zoom niet in op mijn dunne armen. Ik kijk weg van de patiënt en van de ziekte. Ik heb nooit moeite gehad met mijn spiegelbeeld, tot op vandaag. En toch blijf ik mezelf graag zien. Mijn binnenkant. Mijn buitenkant. Althans, dat probeer ik. Want ik ben Lara… en ik ben zoveel meer dan wat getallen op een weegschaal.

Stoppen met chemo

Na vijf chemokuren worden er verhoogde tumormarkers gevonden in mijn bloed. Dat betekent dat de tumor actief is. Ik onderga, met een bang hartje, een zoveelste scan. Op donderdag 27 mei vertrekken Steffen en ik richting Leuven om de resultaten met professor Van Gorp te bespreken. Ik probeer mijn gedachten te negeren. Ik hoop dat Steffen mee binnen mag, volgens de dan geldende coronamaatregelen. Bij slechtnieuwsgesprekken mag de partner mee. Dat we ons die ochtend met twee door de ziekenhuisgangen mogen begeven, zegt genoeg.

De professor spreekt harde woorden. De grond zinkt onder mijn voeten vandaan. De chemo slaat niet aan. Ik hoef hem vandaag niet meer te krijgen. We rijden stilzwijgend naar huis. Ik baal dat ik mijn haar voor niets verloren heb. Ik baal dat ik ellendige dagen moest meemaken, in alle eenzaamheid. Ik baal. We vloeken, samen.

We besluiten allebei een dutje te doen in de living, om het nieuws te laten bezinken. In mijn slaap gaan we naar Disneyland met de kinderen, en wanneer ik wakker ben droom ik luidop over Ibiza met Steffen. Ik wil leven. Léven.

Het duurt enkele dagen voor ik ook op Instagram een update geef van het slechte nieuws dat we hebben moeten incasseren.

1 JUNI 2021

Een klap in ons gezicht, weeral. Ik ga het niet halen, ik ga het niet overleven. De kanker geeft me geen kans en is sterker dan de chemo. Ze stoppen dus met de chemo want de tumor is zo agressief en blijft groeien in lever en longen. Ik ben bang. Ik wil niet dood. Ik kijk naar mijn kinderen en mijn man, en ben nog banger. Hoelang heb ik nog...? Toch vecht ik en geef ik niet op. Ik voel me oké, de pijn is draagbaar dus we gaan door. Gelieve geen DM's te sturen. Dat maakt me alleen verdrietig en ik voel me eindelijk een beetje normaal sinds donderdag. Carpe diem.

Ps. Donderdag start ik met een medical need. 🤞

Zes jaar mama

Thuis gaat het leven verder. Philippa wordt op 7 juni zes en we organiseren voor het eerst een verjaardagsfeestje met een aantal kinderen uit de laatste kleuterklas. Ik vind het ronduit spannend, maar wil haar dit moment gunnen.

Een dag voor het partijtje maak ik een tussenstop in Leuven voor een infiltratie in de zenuw, een nieuwe poging om mijn pijnniveau te doen dalen. Ik hoop het verjaardagweekend van Philippa relatief pijnvrij te kunnen doorbrengen, maar de infiltratie heeft helaas geen effect.

Op de dag van het feest zijn Floor en Ine van 's ochtends in de weer om alles party proof te maken. Terwijl Philippa samen met hen vlaggetjes aan de poort ophangt, regent het zachtjes. We hopen dat de buienradar gelijk heeft, en dat het vanmiddag droog blijft. Acht kinderen in onze woonkamer tussen zetel en ziekenhuisbed is geen optie.

Ik stuur voor de zekerheid naar alle mama's een bericht om te zeggen dat het een buitenfeestje betreft en dat hun zoon of dochter best een jas meebrengt. Ik doe er lang over om de juiste woorden te vinden. Typen gaat niet altijd even gemakkelijk. De pijnmedicatie legt af en toe een deel van de pijn in mijn been plat, maar even vaak mijn heldere communicatie.

Wanneer de eerste klasgenootjes toekomen, kleurt de lucht blauwwit. Er wordt gelachen, gesprongen, gezongen, en ik zie hoe mijn dochter geniet. Ondanks de vermoeidheid lukt het me om in de rolstoel het hele gebeuren mee te volgen. Ik zing mee wanneer het 'lang zal ze leven' weerklinkt. Ik eet mee, nadat ik de taart heb aangesneden.

Ik vier mijn eerste dochter, en daarmee ook het moederschap. Zes jaar geleden had ik me niet kunnen inbeelden hoe gelukkig ik zou zijn – ondanks alles.

Een uur voor de klaskinderen naar huis vertrekken, rol ik naar de woonkamer. Ik ga even in de zetel zitten om de pijn in mijn been te verlichten. Ik val in een diepe slaap. Die avond vraag ik me af of het fijn was geweest. Of Philippa het leuk had gevonden. Of ikzelf een beetje genoten heb. Ik kan me de dag zo moeilijk herinneren. Mijn vriendinnen maakten gelukkig foto's en video's.

Ik herbekijk de beelden, keer op keer. Ik zie opnieuw hoe mijn dochters zich uitleven. Ik voel opnieuw hoe ik hen vol trots vanop afstand bewonder. Ik hoor opnieuw hoe mijn stem weerklinkt bij het scanderen van 'hiep hiep hoera'. Foto's en filmpjes zijn altijd al een belangrijk element geweest voor mij. Ze geven houvast. En vandaag is dat eens zoveel waard.

8 JUNI 2021

Gisteren wist ik niet waar kruipen van de pijn in mijn been. Het beangstigende me. Hou ik dit lang vol? Kan ik zo nog verder. Nu is het antwoord JAAAAAA maar wat als de pijn nog erger wordt en nooit stopt... Nu denk ik aan nu en vandaag is goed dus genieten met een grote G. Dit pakken ze al niet meer van me af.

Ik klauter uit het diepe dal waarin ik onvermijdelijk was gevallen na het krijgen van de laatste diagnose. Ik laat me opbeuren door de kinderen. Ik laat me verrassen, door vriendinnen die voorzichtig mee blijven dromen – ondanks de realiteit. Ik pluk de dag, zoveel ik kan.

Ik beleef onverwacht een onwaarschijnlijk heerlijke middag met alles wat ik graag doe. Lunchen (al eet ik niet veel), lachen (al vertrekt mijn gezicht meer dan eens van de pijn), en shoppen (al is kleren passen uiterst moeilijk geworden). Ibiza vibes in de zonnige tuin van een dame met een hart van goud. We drinken een ijskoude mocktail, laten ons vervoeren in een limousine en klinken op voluit leven. Ik beleef een dag uit de duizend. Niet evident, en daarom eens zo waardevol.

Mama, ik hou van je

Op een stralende zondagochtend staat echter mijn papa plots aan mijn bed. De kinderen hebben de nacht bij hem doorgebracht, en ze zijn er niet bij. Mijn eerste reactie is dan ook: 'is er iets met de meisjes, met Gabriel?'. Mijn papa vertelt dat mijn lieve mama die nacht overleden is. Mijn ouders zijn al gescheiden zo lang ik me kan herinneren. De band die ik met allebei heb is fantastisch. De laatste jaren, waarin mijn mama meermaals verhuisde omwille van haar lichamelijke beperkingen, bood mijn papa steevast zijn hulp. Ook nu is het hij die de zware rol op zich neemt om mij in te lichten. Ik ben sprakeloos, kan het niet vatten. Ondanks dat we wel wisten dat mijn mama wegens haar ziekte nooit lang genoeg bij ons zou kunnen blijven, komt haar overlijden als een donderslag bij heldere hemel. Samen met mijn broer probeer ik het verlies van 'ons mama' een plaatsje te geven. En ergens, geloof ik dat ze op een mooiere plek is nu. Een zonnebloemenveld, zo ver als ze kan kijken. Want dat zag ze zo graag. De dagen die volgen, breng ik door in een roes.

Ik troost me bij de gedachte dat ik haar zaterdagochtend nog zag. Dat ik haar gezegd heb dat ik van haar hou. Dat laatste doe ik steeds vaker, uitspreken dat ik iemand graag zie. Omdat ik het meen. Omdat het zomaar eens de laatste keer kan zijn. In de afgelopen maanden facetimeden we vaak. Zij streed haar battle, en ik de mijne. We zagen elkaar een handvol keren face to face, sinds de diagnose van baarmoederhalskanker onze wereld op zijn kop zette. Veel vaker spraken we elkaar met een scherm daartussen. Verplaatsingen waren lastig. Corona maakte het extra lastig. Wanneer we samen waren, dan was dat confronterend. Moeder en dochter, allebei in een rolstoel.

Al ben ik een echt papa's kindje, ik herken zoveel van mezelf in mijn mama.

Van mijn mama erfde ik het graag zien van mooie dingen. Zij gaf me haar gevoel voor stijl mee. Er piekfijn uitzien, ook al voel je je miserabel. Dat kon zij, en dat kan ik. Dat is mijn kracht, zo houd ik mezelf recht. Dat had zij ook. Mijn broer en ik besluiten te zorgen voor een afscheidsmoment vol klasse, want zo was 'ons mama'. Ik slinger in en uit momenten van helderheid en uren dat ik compleet van de wereld ben. De pijn in mijn linkerbeen viert hoogtij, de stress doet me geen goed. Ik neem ditmaal zonder aarzelen de aangewezen maximumhoeveelheid pijnmedicatie.

Samen met Lieke van Stories by Mabel zetten we een feest op poten, op de locatie waar mama vorige zomer haar zestigste verjaardag had willen vieren. We luisteren naar verhalen van de mensen die het dichtst bij haar stonden. Mijn broer en ik nemen het woord. Mijn stem beeft, maar ik wil zelf vertellen hoe graag ik haar zie. Hoe hard ik haar mis. Hoeveel pijn het doet, diep in mijn hart, om mijn mama te zien gaan.

De afscheidsceremonie bulkt van persoonlijkheid. Mijn mama wordt geëerd voor wie ze was. Haar leven wordt gevierd zoals zij het het liefste zag. Geen zwart voor mijn mama, liever uitbundig. Er worden tranen weggepinkt. Zakdoek na zakdoek wordt gevuld. Af en toe wordt er stilletjes gelachen, al helemaal wanneer mijn broer het woord neemt. De kinderen rennen heen en weer. Er is veel leven om me heen. Ik ben op, ik ben kapot. Mentaal en fysiek kan ik niet meer. Ik geef over van uitputting.

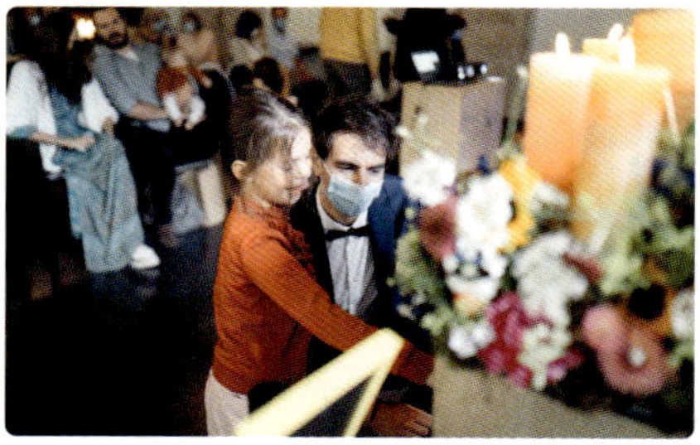

De dag nadien worden we 's ochtends verwacht in het UZ Leuven voor de medical need. Ik voel me miserabel. We komen anderhalf uur te laat op onze afspraak, omdat de pijn me belet om sneller aangekleed te raken. Rond de middag kunnen we al naar huis.

Ik laat me troosten, door de vele gezichten die onze huiskamer binnenlopen. Het doet me goed om ook in de dagen na het afscheid van mama mijn vriendinnen te zien. Ze bieden afleiding, al vind ik mezelf niet eens zo'n fijn gezelschap. Mijn broer speelt, zoals altijd, een grote rol op één van de zwartste momenten van mijn leven.

De meisjes hebben veel vragen. We proberen op kindermaat eerlijke antwoorden te geven en maken het niet extra ingewikkeld met bewoordingen als een 'sterretje aan de hemel'. Gelukkig hebben we mijn papa, mijn daddy dj, die er altijd is voor zijn oogappel en ons gezin. Ik incasseer, ik verwerk, ik ga door.

Snuitje, lieve dochter van me, liefste Lara,

Vijfendertig jaar geleden maakte jij van mij een mama.

Als kind wilde je graag prinses worden óf hoofd van de politie. Voor mij ben je een prinses, maar wel één met beide voeten op de grond. Je weet wat je wilt, en je durft dat ook duidelijk te maken. Je kan je gevoel goed onder woorden brengen, zeker naar Steffen toe. Daar bewonder ik je om. Je bent altijd duidelijk geweest in wat je wilde: een gezin. Liefst een gezin van vijf.

Wanneer ik zie hoe je onvoorwaardelijk houdt van de mensen dicht bij jou, dan ben ik trots. Ik heb je altijd fouten laten maken, verkeerde beslissingen laten nemen, nooit geoordeeld. Ik heb wel geprobeerd om je elke keer terug op het juiste pad te zetten. Ik ben altijd heel open geweest naar jou en je broer toe. Dat kreeg ik dan ook terug, die openhartigheid. Soms moest ik je wat intomen en dan zei ik: 'Lara, dat moet ik écht niet weten.' Onze relatie is gebaseerd op onvoorwaardelijk vertrouwen.

Ik heb jullie proberen bij te brengen dat het niet belangrijk is wat anderen denken. Waar jij je goed bij voelt, dat is het belangrijkste. Trots zijn op jezelf. Zelfvertrouwen mag je uitstralen. Respect ook. Beleefdheid draag ik hoog in het vaandel. Het grootste compliment dat je me ooit hebt gegeven, was dat je je kinderen zou opvoeden zoals ik jullie heb opgevoed. En wanneer ik naar jullie kinderen kijk, dan denk ik dat je het doet zoals ik het deed, het moederen.

Ik koester de twee jaren dat je er voor mij was als mantelzorger. Urenlang tetteren en op pad met de rolstoel. Ik mis onze dins- en donderdagen samen. Het breekt mijn hart om jou te zien lijden, om je in een rolstoel of in een ziekenhuisbed te zien. Ik voel me machteloos dat ik er niet kan zijn voor jou, voor jullie. Mocht ik zelf niet ziek zijn, dan zou ik bij jullie in de kelder komen wonen om te helpen. Dan kon ik helpen zorgen voor mijn hartendiefje, mijn poppeke en mijn guitje. Maar ik vecht tegen mijn eigen ziekte en ben voor alles wat ik onderneem afhankelijk van andere mensen.

We hebben samen zware tijden gekend, maar ook genoten van elkaar. We deden heel wat leuke dingen samen. Morning sessies van Elbow,

uitstapjes naar Parijs waarna we allebei blut waren, naar ballet- en dansvoorstellingen, samen aan de toog hangen in de Hungaria... Ik heb ook uuuuuuren met jou rondgereden voor je modellenwerk.

Lieve schat, ik ben altijd zo trots geweest dat je je diploma Communicatiemanagement behaalde. Het was een heel gepuzzel met het modellenwerk in binnen- en buitenland, maar je dééd het. De mode heeft je zelfstandig en down to earth gemaakt. Je was als kind al 'onder je uit'. Je voelt je snel thuis, zelfs bij wildvreemden. Maar behalve bij mij of bij Geert, wilde je bij niemand op de schoot - daarin lijk je op Philippa.

Jouw fantasie reikte als kind al eindeloos ver. Ik kon vroeger uren zitten luisteren in een andere kamer, om jou te horen spelen. Philippa en Romée zijn een afspiegeling van jou en Steffen, ik ben heel benieuwd hoe Gabriel zal worden.

Snuitje, het allerliefste kijk je films met een happy ending. Wij leerden allebei een harde les, in de afgelopen jaren. Het is geen rozengeur en maneschijn, al lang niet meer. Maar hoe jij - ondanks alles - kan genieten van het leven, daar kan ik nog een puntje aan zuigen.

Ik hou van je,
Mama

Pijn

Het overlijden van mijn mama gaf me een emotionele dreun, en dat uit zich ook fysiek. Er gebeuren geen onderzoeken meer, maar de toenemende pijn doet beseffen dat de kankercellen even snel groeien. Ik kies ervoor om van de Instagram-aardbodem te verdwijnen. Tot voor kort kon een leuke foto me vluchtig wat afleiding bieden. Nu puf ik de pijn weg in plaats van te scrollen. Ik vind hęt moeilijk om de pijn consequent te bestrijden. Wanneer ik minder medicatie neem, ben ik helderder, ook al worden die momenten overschaduwd door pijn. Ik wil niet ijlen, ik wil niet constant slapen, ik wil nog elke dag leven en beleven. Ik ben een harde tante, altijd geweest. Ik ga tot het uiterste, en dan nog een stapje verder. De verpleging grijpt echter in en de pijnbestrijding wordt verhoogd. Een pijnpiek weg krijgen duurt immers langer dan wanneer ik de pijn systematisch voor ben. En ik ben op.

Ik heb de afgelopen maanden alles gedaan, en zoveel meer. Ik ben positief gebleven. Ik heb mijn zoon gedragen zo lang ik kon. Ik heb lichtpuntjes gezocht en gevonden. Elke optie om me beter te maken werd overwogen en uitgeplozen. Een team van professoren boog zich over mijn case, en kon in oktober alleen maar besluiten dat ze me tijd zouden proberen te geven. We hebben ons zelf ook suf gezocht, naar mogelijkheden om de kanker klein te krijgen. Onze zoektocht leidt steeds naar dezelfde uitkomst. Het is op.

Mijn lichaam schreeuwt om rust. Het kost me al mijn energie om na te denken, te typen, te praten – en als het even lukt ook wat te eten en te drinken. Ik val constant in een diepe slaap. Af en toe schrik ik wakker, en dan probeert Steffen me te kalmeren. Ik weet dat ook hij liever een hele dag zou willen slapen, in de hoop dat we samen zouden wakker worden uit deze nachtmerrie. Ik zie de pijn in zijn ogen – en toch heb ik hem nodig. Ik heb het nodig dat hij luistert. Dat is het enige dat ik wil. Praten over morgen, ook al doet dat ons pijn.

De pijn maakt het leven ondraaglijk. Mijn hoofd vult zich stilaan met vragen. Wat wil ik nog doen? Wat wil ik nog zeggen? Wie wil ik nog zien? Hoe zullen we onze kindjes omringen? Ik bedenk me of ik genoeg gedaan heb, genoeg geleefd heb? Het antwoord is voluit ja.

Eerder deze week hield ik een eerste proefdruk vast van dit boek. Mijn hart vulde zich met trots. Ik bladerde door de pagina's. Een tiental pagina's ver, moest ik mijn boek neerleggen. Het gewicht ervan woog te zwaar om langer te kunnen dragen. Ik voelde wel hoe mijn mondhoeken zachtjes omhoog krulden. De pijn weerhield me van een vreugdedansje, maar mijn geluk toonde ik wel. Mijn verhaal ligt er. De clue is, dat liefde alles overstijgt. Dat echte vriendschap alles waard is. Van een lichtpuntje gesproken.

Dank je x 1000

Lara

Ik wil zoveel mensen bedanken. Meer dan ik kan opsommen op één pagina.

Philippa, Romée en Gabriel. Mijn snoepje, mijn zonneke en mijn klavertjevier. Door jullie, voor jullie. Ieder moment, iedere dag.

Steffen, mijn rots, mijn beer, mijn man. Always and everywhere.

Ons kerngezin. Mama, papa, Annick, Gertjan, Laurence, Lutgarde, Alex, Mia, Inne en Jochen. Bedankt om onze kinderen jullie alles te geven op de momenten dat wij het niet konden.

Mijn liefste vriendinnen, on- en offline. You know who you are.

Mijn Insta-volgers. Voor de steun, op elke mogelijke manier.

Mijn behandelend arts, huisarts en alle verpleegsters die ik in de afgelopen maanden ben tegengekomen. Voor de goede zorgen, mentaal en fysiek.

Mezelf. Voor de dagelijkse portie positiviteit om door te gaan, elke keer opnieuw.

En Ine. Om op de eerste rij te staan bij alle ups and downs. Voor je hart en ziel.

Lieve Lara,

De beste vriendinnen zijn die bij wie je ongeremd jezelf kan zijn. Bij wie je zonder aarzelen kan zeggen wat je denkt, voelt, verlangt. Bij wie alle maskers afvallen. Bij wie gêne geen plaats heeft. Ik ben een van de gelukkigen die vriendschap met jou mag delen. De meisjes van Aarschot, de Moekes, de Mamasita's... Ze kunnen het stuk voor stuk beamen: vriendschap met Lara, dat is lachen, gieren, brullen. Maar ook af en toe huilen, roepen en vloeken.

Het liefst zouden we iedere dag samen in de zon zitten, surfend op een golf van positiviteit en happy vibes. Maar ook wanneer de hemel donker kleurt, vinden we elkaar. Jij mij, ik jou. Soms hebben we maar een woord nodig om elkaar te begrijpen. Soms duren onze gesprekken urenlang. Soms zwijgen we veelbetekenend.

Ik ben dankbaar voor de inzichten die je me de afgelopen maanden hebt gegeven. Ik heb nóg meer ontdekt dat wat als vanzelfsprekend aanvoelt kostbaar goed is. Ik mocht meelopen in ieder hoofdstuk van dit verhaal. Ik heb jouw strijd van dichtbij meegemaakt, ook de lelijkste stukken. Jij hebt me leren omgaan met lijden. Ik had deze levensles liever niet gehad, niet nu, niet zo, maar het maakt van mij wel een bewuster mens. Ik leef, vandaag misschien nog net een tikje harder en intenser.

Het is niet minder dan een voorrecht om te mogen schrijven over wat er in je omgaat, ook wanneer je de wereld daarbuiten even on hold zet. Ik vertaal jouw stilte in woorden, jouw wildheid in afgemeten zinnen. Ik begrijp jouw moederhart en hoe dit boek er in de eerste plaats is voor die drie bijzondere kinderen van jou (met mijn petekind op kop :-)).

Jij hebt me het voorbije jaar getoond om altijd de lichtpuntjes te zien, hoe klein ook. Om de dag te plukken. En dat zal ik blijven doen.

Opdat de mooie momenten de lelijke zullen overschaduwen – always and forever.

Liefs,

Ine (aka Nijsje Paradijsje)

Tijdslijn

18 juni 2020 | Ik ben zwanger van ons derde kindje!

31 juli 2020 | Resultaten van de NIPT-test: er zijn afwijkende cellen gevonden. We brengen ons kerngezin op de hoogte van mijn zwangerschap. We vertellen ook dat er verstoord DNA werd teruggevonden in mijn bloed. Een week later pas volgt een MRI-scan om een eventuele tumor te lokaliseren. Er is 50% kans dat het niets is. We wachten bang af.

10 augustus 2020 | Bespreking met professor Vergote (gynaecoloog-oncoloog). Hij doet een biopsie om te zien waar de kanker precies zit, of hij agressief is, en in welke mate.

11 augustus 2020 | Inwendige bloeding na de biopsie. Ik krijg helse pijnen en kan niet meer stappen. Wachten tot het bloed wegtrekt is de enige oplossing.

17 augustus 2020 | Het verdict 'baarmoederhalskanker' valt. Er heeft zich een agressieve tumor in de klier ter hoogte van de baarmoederhals genesteld. Hij is 6,7 cm groot en zit tegen het bot aan, misschien al in het bot. Daardoor valt de tumor niet te opereren. Ook zijn er twee grotere gezwellen in de buikholte en één kleinere in de baarmoederhals gevonden. Ze raden een chemokuur aan van 18 weken met een scan na 9 weken om te kijken hoe de tumor reageert. De chemo zou geen effect hebben op de groei van ons baby'tje.

18 augustus 2020 | Vruchtwaterpunctie. Drie dagen later krijgen we de resultaten: onze baby is gezond, en blijkt een jongen te zijn. #happiness

28 augustus 2020 | Eerste keer chemo. De dagen nadien zie ik af, met een piek op dag drie. Ik kan alleen maar slapen, ben misselijk en voel me grieperig. Alles doet pijn (vooral mijn linkerbeen, heup en buik).

11 september 2020 | Ik voel sinds een paar dagen kleine 'blubjes' in mijn buik en geniet met volle teugen. #19weekspregnant

9 oktober 2020 | 'Ongeneeslijk'. De woorden van professor Van Gorp (Gynaecoloog-oncoloog) komen hard aan. Hij schudt zijn hoofd wanneer ik vraag of ik mijn kinderen nog zal zien opgroeien. De tumor in mijn bekken is gegroeid. De chemo slaat niet aan en de tumor zit vast in mijn botten. Ze geven me geen overlevingskansen.

12 oktober 2020 | Eerste keer gezocht naar prematuurkleertjes. Ik fleur er helemaal van op.

7 november 2020 | Mijn papa brengt me voor een zoveelste keer in allerijl naar het ziekenhuis. De pijn is ondraaglijk. Steffen blijft thuis bij de kinderen. Onderweg worden we twee keer door de politie tegengehouden wegens de avondklok (covid-maatregelen). De medicatie wordt opgedreven en ik krijg een blaassonde zodat ik niet steeds naar het toilet hoef te gaan.

16-19 november 2020 | Ik verblijf enkele dagen in het UZL. Mijn lichte koorts en griepsymptomen blijken een urineweginfectie te zijn. Ik verlies anderhalf uur lang bloed door een bloedneus. Ik krijg twee zakken bloed bij en extra bloedplaatjes. De chemo heeft mijn lichaam compleet uitgeput. Gabriel doet het goed en wordt op 1,4 kg geschat.

21 november 2020 | Shoot voor de cover van dit boek. 's Avonds krijg ik hevige pijnen in het borstbeen. Weer met spoed naar Leuven. De infectiewaarden zijn gestegen en mijn bloedplaatjes staan te laag. Ik krijg opnieuw twee zakken bloed. Het pijnteam komt samen en verdubbelt de dosis medicatie. Dit is de eerste dag van vijf weken UZL.

29 november 2020 | Mijn bloedplaatjes stijgen gestaag. Ik krijg antibiotica en spuitjes met witte bloedcellen. Iedere vijf dagen wordt een covid-test afgenomen, zo ook vandaag. Mijn 'verbrande' slokdarm wordt nagekeken. Ik kan al een week enkel nog vloeibaar eten. Ik krijg een matras om doorligwonden te vermijden.

1 december 2020 | De bevallingsdatum wordt geprikt. Langer wachten is niet draaglijk. Mijn zoon zal er deze week zijn, ik vind het zó spannend.

4 december 2020 | Gabriel Verniers wordt om 9.20 uur geboren. Mijn bloedplaatjes blijken 's ochtends nét voldoende hoog om de keizersnede te kunnen uitvoeren. Steffen kangoeroet voor het eerst met zijn zoon. Ook meter Manon komt voor een portie huid-op-huid met Gabriel. Ikzelf ben van de wereld. #gelukjegabriel

7 december 2020 | De pijn is ietwat onder controle. We kondigen de geboorte van Gabriel aan op Instagram. Er wordt een PET-scan genomen. Daaruit blijkt dat de tumor vergroeid zit in het bot. Volgende week starten we met bestralingen iedere weekdag + 1 keer per week chemo om de bestraling te versterken.

11 december 2020 | Er wordt een tekening op mijn lichaam gemaakt om aan te duiden waar exact bestraald zal worden. De pijnmedicatie wordt helemaal omgegooid nadat de radiotherapeut-oncoloog schrikt bij het zien hoeveel pijn ik heb. OxyContin wordt vervangen door pijnpleisters, Ibuprofen en OxyNorm. Op de scanner kruipen voor de bestralingen wordt een dagelijkse strijd.

15 december 2020 | Ik verhuis van de afdeling Materniteit naar Gynaecologische Oncologie. De covid-maatregelen zijn hier strikter: Steffen zou 1 uur per week mogen komen, maar dat is onmenselijk. Ze maken een uitzondering: Steffen mag dagelijks komen van 12-20u. Ervoor gaat hij kangoeroeën met Gabriel. Ik krijg weer twee zakken bloed. En chemo. De bestralingen lukken vandaag niet, ik heb te veel pijn. Ik ga wat liefde tappen bij Gabriel.

21 december 2020 | Ik blijf 's nachts koorts maken, waardoor de chemo deze week niet lukt. Ik krijg weer bloed bij, en antibiotica via een baxter toegediend. Vandaag is het een maand geleden dat ik mijn dochters gezien heb. Ik ben groggy van de hoge dosis pijnstilling.

24 december 2020 | Ik kan pas naar huis als de koorts is gaan liggen, maar ze vinden de oorzaak niet. Er wordt een CT-scan + hartecho gemaakt. Ik beleef de eenzaamste kerstavond aller tijden.

25 december 2020 | De antibiotica wordt afgekoppeld. Ik geloof erin dat ik thuis geen koorts meer zal maken. Misschien heb ik mijn thuisomgeving nodig om mijn lichaam tot rust te laten komen. Ik word met de ambulance naar huis gebracht. Ik kan huilen van geluk. Na vijf weken zie ik mijn meisjes terug!

26 december 2020 | Ik word gewekt door de beuntjes, in het ziekenhuisbed in de woonkamer. En ik heb nét geen koorts (37,8).

27 december 2020 | Terug naar Leuven. Ik ga meteen kangoeroeën met Gabriel en geef hem zijn eerste flesje. Ik zal vanaf nu ieder weekend na de bestraling op vrijdag met de ziekenwagen naar huis gaan.

28 december 2020 | Ik krijg een nierkatheter geplaatst omdat de tumor tegen mijn nierleider drukt waardoor niet alles in de blaas geraakt. Dit zou infecties/koorts kunnen veroorzaken.

29 december 2020 | We krijgen onze eerste nieuwjaarsbrief van Gabriel. De verpleegsters op de Neonatologie zijn toppers.

15 januari 2021 | Vivi wedding op vrijdagnamiddag. Wij zeggen ja, intiemer dan intiem. Everywhere, voor eeuwig en altijd.

20 januari 2021 | MRI-scan. De bestraling heeft de kleine tumoren in mijn buikholte en baarmoederhals doen verdwijnen. De grote klier is stabiel gebleven. Is dit een mirakel?

23 januari 2021 | De behandeling (wekelijkse chemo + dagelijkse bestralingen) zit erop. Ik mag dit weekend niet naar huis: bloedwaarden staan te laag (dankzij de chemo), ik maak koorts (oorzaak onbekend) en mijn infectiewaarden zijn niet perfect.

27 januari 2021 | Gabriel zal ontslagen worden uit het UZL op 1 februari, hij is er klaar voor en zijn kamer op Neonatologie moet vrijkomen. Ik kan alleen mee naar huis als mijn bloedwaarden goed zitten.

31 januari 2021 | We maken een testritje in de auto, want morgen ga ik na vijf weken permanent ziekenhuisverblijf, en vijf weken op en af in het weekend, eindelijk naar huis.

1 februari 2021 | De meisjes zien hun broertje voor het eerst. Home sweet home!

4 februari 2021 | Ik slaap voor het eerst in bijna drie maanden in mijn eigen bed. Ik schoof de trap op, op mijn billen. Ik voelde het bot door mijn poep prikken, zo mager ben ik. Gabriel wil alleen maar op mij slapen. Het is zwaar, maar ik ben dolgelukkig.

10 maart 2021 | Romée is drie! #mijnzonneke

15 maart 2021 | Ik crepeer 's nachts van de pijn. Steffen zegt dat we ons moeten voorbereiden op het ergste. Ik denk dat de pijn kan komen van een breuk in mijn botten (extra broos doordat de tumor erin vergroeid zit). Er wordt een CT-scan gemaakt.

18 maart 2021 | We krijgen slecht nieuws. Er zijn uitzaaiingen gevonden in de longen en de lever. Professor Van Gorp raadt een nieuwe chemokuur aan. Ik zal mijn haar verliezen.

23 maart 2021 | Eerste chemo van een kuur van 18 weken.

2 april 2021 | Slechte bloedwaarden. De huisarts adviseert ons om naar spoed te gaan. Ik moet blijven tot mijn bloedwaarden beter zijn.

8 april 2021 | Steffen is jarig en brengt één uur met mij door in het ziekenhuis. Langer mag niet (covid-maatregelen). Ik slaap nagenoeg het hele uur.

9 april 2021 | Ik ben kapot – mentaal en fysiek. Chemo nummer twee komt keihard binnen. Ik heb CMV opgelopen, waartegen mijn lichaam aan het vechten is. Ik ben alleen. Het thuisfront ontvangt enkel radiostilte van mij, dagenlang.

12 april 2021 | Mijn haar valt uit. Steffen gebruikt zijn ene uur van de week om een laatste keer foto's te komen maken van mijn korte coupe.

14 april 2021 | IK MAG NAAR HUISSSSSSSS (na twaalf dagen eenzaamheid)!

18 april 2021 | Mijn 35ste verjaardag. Ik geef constant over. Er is geen fysieke oorzaak, het blijkt post-traumatische stress te zijn. Mijn geïsoleerd ziekenhuisverblijf heeft me geen goed gedaan.

22 april 2021 | Derde keer chemo vandaag. Ik draag mijn pruik voor het eerst in het openbaar. Ik moet alles alleen doorstaan (stomme corona!).

24 mei 2021 | Ik doorsta helse pijnen en plas mijn blaassonde uit. De nierkatheter blijft.

27 mei 2021 | Een scan wijst uit dat de tumor zeer agressief is. De uitzaaiingen in longen en lever zijn verder gegroeid. We stoppen na zeven keer met de chemokuur en stappen over op medical need. Ik blijf geloven in een mirakel.

7 juni 2021 | Philippa is zes! #mijnsnoepje

12 juni 2021 | Overlijden van mijn lieve mama.

6 juli 2021 | Ik heb mijn boek in handen. Bladeren door de eerste drukproef is onwerkelijk. Ik glimlach, en slik de pijn voor een nanoseconde weg. Puur contentement.

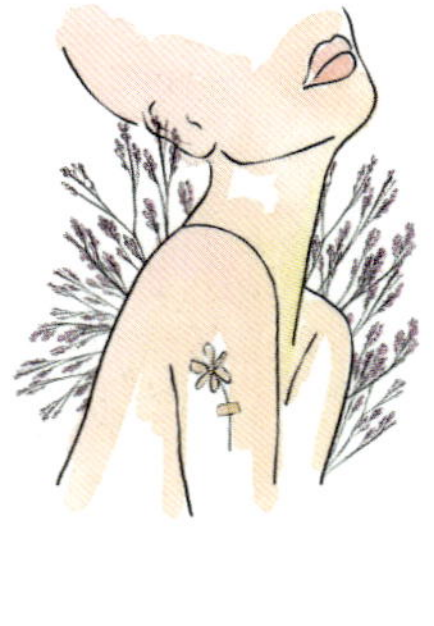

12 juli 2021 | We starten palliatieve zorg op, om maximale lichamelijke en mentale ondersteuning te krijgen.

Lieve lezer,

Dit is een brief met een open einde en tezelfdertijd met een duidelijk verhaal. We moeten hier de pen neerleggen omdat dit boek (14 juli 2021) in druk gaat. Echter, mijn verhaal blijft verder gaan. Op Instagram, op mijn blog, en in Nina.

Mama worden was zonder twijfel de beste beslissing van mijn leven. Voluit kiezen voor Steffen als papa van onze kinderen ook. Ik kan met de hand op het hart zeggen dat ik altijd goed geleefd heb. Spijt is een woord dat niet in mijn woordenboek staat. Ik heb misschien niet altijd de 'juiste' beslissingen gemaakt, maar ik heb er altijd van geleerd. Het heeft me gebracht waar ik nu ben, het heeft me gemaakt tot wie ik ben. Ik ben altijd oprecht gelukkig geweest.

En dat is meteen ook wat ik je toewens: dat je gelukkig mag zijn. Doe wat je hart sneller doet kloppen. Gebruik je talenten om een leven uit te tekenen zoals jij het wilt. Volg je passie en ambitie, opdat je iedere dag graag gaat werken.

Ik hoop dat je liefde mag ervaren. Liefde die je voelt tot in je kleinste teen. Liefde die allesoverheersend is. Liefde zo sterk als een beer, zo zoet als een snoepje, zo stralend als een zonneke, en zo gezegend als een klavertjevier.

Ik hoop dat je vriendschap mag ervaren, zoals ik ze ken. Dat je mag genieten van elke perfecte dag, met vrienden en familie. Dat je bewust geniet van samenzijn met mensen die je nemen zoals je bent. Met wie de dag lichter aanvoelt. Ik koester elk van die dagen.

Ik ken mezelf. En ik zie mezelf graag, ook al babbel ik soms te veel. Ook al ben ik soms te aanwezig. Ik zie mij graag. En ik wens jou hetzelfde toe. Ik hoop dat je optimisme mag ervaren. Dat je lichtpuntjes ziet, hoe klein ook. Dat je gedragen wordt, net als ik gedragen word – door Steffen en onze drie kids, door de liefste vriendinnen, mijn ongelofelijke schoonfamilie, en dat leger aan Instagramvolgers.

Hoe fijn is het om te kunnen voelen wat het is om op handen te worden gedragen door mijn mama, mijn papa, mijn broer.

Mijn mama, die me de kneepjes van het moederschap onderrichtte. Van wie ik leerde spreken met heel mijn lijf. Van wie ik de voorliefde voor mooie dingen erfde. Twee jaar lang deden we dagelijks (van) alles samen, en die momenten zitten voor eeuwig in mijn hart.

Mijn papa, mijn held, een hele zachte mens. Aan de binnenkant oh zo anders dan ik, maar aan de buitenkant zeer sterk dezelfde. Ik erfde beslist zijn zorgzaamheid, het moederkloekgevoel. Mijn papa heeft me altijd behandeld als een prinses, nu ik ziek ben eens zo hard.

Mijn broer, die immer gelooft in het goede van de mensen. Dat hebben we gemeen. Ik ben iets naïever dan hem, maar ook daar vinden we elkaar. Hij zal een fantastische papa worden, daar ben ik zeker van. Zolang hij de vier vuistregels (beleefdheid, eerlijkheid, openheid, goede (tafel)manieren) indachtig houdt. Hoe hij onze kinderen graag ziet, daar smelt mijn hart van.

Ik kijk van aan de zijlijn toe en zie hoeveel liefde er is om me heen. Ik zie de band groeien tussen Steffen en onze kinderen, en dat is mooi. Ik onthoud dat de meisjes echt gek zijn van Gabriel. Ze zien elkaar graag, alle drie. Dat was altijd mijn grootste hartenwens.

Ik ben soms boos omdat ik mezelf niet ben. Ik mis de oude Lara. De oude het hardst, maar die tussenin is ook al goed. En terwijl ik dat denk, terwijl ik dat voel, hou ik ze vast met alles wat ik heb. Mijn grootste geluk, mijn levensdoel. De liefde in mijn armen – groot en klein.

Het is anders dan ik me ooit had voorgesteld, en toch komt het goed. Als ik hiervan genees, dan ben ik de gelukkigste vrouw ter wereld! Maar nu, nu is het ook al goed.

Liefs – en euh, pak het ervan.

Liefs, Lara

www.lannoo.com
Registreer u op onze website en we sturen u regelmatig een nieuwsbrief met informatie over nieuwe boeken en met interessante, exclusieve aanbiedingen.

Teksten Lara Switten en Ine Nijs
De teksten op p. 30, 41-42, 59, 64, 71-72, 82, 88, 94-95, 96-97, 100-101, 118-119, 121-122, 126-127, 128, 131, 140, 148-149, 151-152, 154, 156, 159, 161, 162, 164, 165, 167 en 173 verschenen reeds in NINA

Fotografie Lara Switten
Frankie and Fish
Leentjes loves Light
Studio Al'Or
Hilde Eyckmans Fotografie

Omslagfoto Frankie and Fish

Visagie coverbeeld Bo Tijskens

Illustraties Elisa Guarraci

Vormgeving Klaartje De Buck, Letterwerf

Als u opmerkingen of vragen heeft, dan kunt u contact nemen met onze redactie:
redactielifestyle@lannoo.com

D/2021/45/334 – NUR 450
ISBN: 978 94 014 7938 7